Odile Chab[illegible]uropathe, thérapeute psychanalytiq[illegible] directrice de l'Institut de Naturopathie Humaniste. Anciennement journaliste spécialisée dans le bien-être et la minceur, elle a ouvert son propre cabinet. Elle est l'auteur de nombreux ouvrages de bien-être, comme *Petit éloge de l'ennui* (Jouvence, 2013) ou *Arrêter de tout contrôler* (Jouvence, 2014). Plus récemment a paru *Âme de sorcière ou la Magie du féminin* (2017) aux éditions Solar.

Retrouvez toute l'actualité de l'auteur sur :
http://odilechabrillac.blogspot.com/

Âme de sorcière

ÉVOLUTION

Des livres pour vous faciliter la vie !

Jiddu KRISHNAMURTI
La Beauté de l'amour
Écouter, c'est aimer

Corine SOMBRUN
Les Esprits de la steppe
Avec les derniers chamanes de Mongolie

Satish KUMAR
Pour une écologie spirituelle

SADHGURU
La Transformation intérieure
Un grand maître yogi nous enseigne l'art de la joie

Matthieu RICARD
Pour un pouvoir altruiste

Arnaud DESJARDINS
L'Audace de vivre

Arnaud DESJARDINS
Spiritualité
De quoi s'agit-il ?
Entretiens

Jack KORNFIELD
Libre et heureux ici et maintenant
Cultivez l'instant présent avec le grand maître occidental du bouddhisme

Franck LOPVET
Un homme debout

Odile Chabrillac

Âme de sorcière

ou la Magie du féminin

Harmonie SOLAR

Pocket, une marque d'Univers Poche,
est un éditeur qui s'engage pour la préservation
de l'environnement et qui utilise du papier fabriqué
à partir de bois provenant de forêts gérées
de manière responsable.

ISBN : 978-2-266-29077-7
Dépôt légal : mars 2019

Je dédie ce livre aux sorcières et sorciers
de mon entourage qui m'ont tant enseigné
et apporté. À Mila, Barbara, Karina,
Annie, Virginie, Sonia, Isabelle, Solange,
Nathalie, Laurence, Leila, Sandrine,
Caroline, Pascale, Violaine, Joëlle,
Patrick, Marc, Arnaud, Haya,
Gisèle et Gerardo, ainsi qu'à Victor.
À Joëlle et Jean-Marie.
Aux Semeuses.

Avant-propos

« Voyez vers quelles beautés le mot sorcière *m'a poussée. Les aubes au ciel rosé, les cascades, les longues plages grises devant une mer grondant, et voyez les personnes que j'ai rencontrées, quelles personnes ! J'ai rencontré des âmes généreuses, sagaces, courageuses, et sans sorcière, il n'en serait rien. Quel amour ça m'a offert aussi. [...] Alors, ça valait peut-être la peine, finalement. »*

Susan Fletcher[1]

À force d'être vilipendées, elles ont fini par se cacher. Encore plus loin. Au sein d'une nuit encore plus noire, dans un sous-bois encore plus profond. Ont-elles disparu pour autant ? Bien sûr que non ! Les sorcières ont juste appris à faire attention, à ne se dévoiler que dans des espaces qu'elles savaient sans danger. Se taire ne signifie pas oublier. Au contraire. À demi-mot, à couvert, le message est passé. Longtemps persécutées,

1. Susan Fletcher, *Un bûcher sous la neige*, traduit de l'anglais par Suzanne V. Mayoux, Plon, 2010.

moquées, salies, les sorcières reviennent aujourd'hui. Et ce qu'elles ont à nous apprendre peut réellement changer nos vies.

Occupant une place réelle et reconnue dans la vie moyenâgeuse, symbole subversif de la révolte féministe des années 1970, les voici à nouveau de retour, prêtes à questionner nos choix, notre rapport au monde, à la liberté, à la nature, notre lien à notre corps, à la féminité, à la sexualité, mais aussi à la propriété, à la rationalité… Elles ne sont pas là pour être aimées, elles sont là pour interroger, pour affirmer, pour rire, pour vivre et pour jouir. Dire « oui » lorsqu'elles ont envie et « non » quand elles le pensent aussi. Insoumises, dérangeantes, incandescentes, loin du folklore et des clichés, elles sont porteuses d'un savoir riche et multiple, de ceux dont on fait les tabous car il dérange et bouscule tout. Pourquoi les a-t-on massacrées, pourquoi a-t-on cherché à les oublier ? Car elles ont osé, en leur temps, défier l'autorité (masculine en particulier), l'Église, les structures en place, la science, mais aussi l'idée même de propriété[1]. Dans la période que nous traversons, marquée par la crise du capitalisme et le naufrage écologique, les sorcières me semblent plus que jamais d'actualité. Se réapproprier leur histoire, leurs savoirs, leurs pouvoirs, c'est autoriser chacune d'entre nous à retrouver sa puissance, voire sa dangerosité, en en faisant une digne héritière

1. En effet, l'éradication des sorcières est inséparable de ce que l'on a nommé les « enclosures » – le vaste mouvement d'expropriation des terres « communes » et ressources naturelles collectives, peu à peu transformées en propriétés privées.

de ces guérisseuses d'antan. C'est ouvrir de nouveaux possibles – politique, artistique, écologique, philosophique, humain surtout –, c'est oser se revendiquer différente, puissante et néanmoins bienfaisante.

La magie au cœur du monde

Les sorcières ? Oublions un temps leur balai et leur chaudron, ce sont (avant tout) des femmes en immersion. Des femmes qui ont du mal à faire semblant. Capables de plonger au cœur d'elles-mêmes, elles vont y puiser des ressources essentielles sans négliger pour autant ce que la nature autour d'elles est susceptible de leur apporter. La puissance de leur pouvoir naît de cela, d'une certaine intransigeance, de cette volonté de transformer le monde, mais avant tout de se transformer. Avec ténacité. Elles ne sont donc pas ce que l'on croit, car, dans le monde de la magie, cela ne se passe pas comme au cinéma. N'en doutez pas, il n'y a pas grand-chose de surnaturel dans tout cela : pour elles, la magie constitue une pratique quotidienne et surtout un esprit singulier d'ouverture et de conscience dans lequel elles vont agir au monde. La magie, et nous en reparlerons, c'est tout simplement cet art des sorcières, l'art de provoquer des changements grâce à des pouvoirs naturels, des pouvoirs qu'elles ont et que nous n'avons pas (ou pas encore). Le mot *magie* ne doit donc ni faire frémir, ni faire reculer : il nous dit que nous ne comprenons pas tout dans ce monde, que nous ne comprendrons peut-être jamais tout, mais que certains mystères peuvent être accessibles à certaines et certains d'entre nous.

La magie n'est pas une religion. Ce n'est pas une secte, ni une doctrine, pas même une philosophie. Il s'agit d'un parcours de vie, d'un chemin initiatique, que l'on peut souhaiter investiguer. Ou pas. D'ailleurs, il n'existe pas une magie mais des magies. Peut-être y en a-t-il autant qu'il y a de personnes, puisque c'est à chacun de construire celle qui fait sens pour lui. Nul lieu de culte, mais la nature tout entière pour célébrer la vie. Pas d'évangiles mais le livre des Ombres, une sorte de journal intime des sorcières, personnel et unique, que l'on garde pour soi (sur lequel chacune va noter ses projets, ses rencontres, ses recettes, ses expériences). Et que l'on partage parfois. Pas de grands prêtres chargés de veiller à la conformité d'un dogme. Les sorcières n'ont d'autres règles que leur liberté. Ce faisant, elles nous invitent à nous interroger sur la nôtre. Elles peuvent juste partager avec nous leurs expériences et nous inviter à plonger à notre tour dans le mystère de la vie. Suivre le fil de notre destin. Interroger notre âme : De quoi ai-je envie ? Suis-je à un endroit qui me réjouit dans ma vie ? Qu'est-ce qui me parle profondément ici et maintenant ?

Car la magie, c'est avant tout prendre en main sa destinée au lieu de laisser les autres décider, apprendre à se réapproprier l'énergie, les vertus des herbes, des plantes, des pierres, des métaux, des couleurs, accepter d'utiliser toutes les propriétés de l'univers qui nous entoure. Oui, la magie, c'est bien « l'âme (qui) agit » à travers nous, au-delà de notre ego et ses peurs, lorsque tout à coup on se laisse emporter par la foi que l'ordre de l'univers n'est pas dû au hasard, par un « peut-être » qui va au-delà de nous, qu'on l'appelle la Source, le Plan, la Vie, qu'on l'appelle le Dieu ou la Déesse.

Un archétype unique du féminin

Écrire sur les sorcières est une gageure tant chacun projette des images différentes sur ce mot-là, tant l'archétype est puissant. Bienfaisantes ? Malfaisantes ? Féeriques ? Diaboliques ? Et s'il ne s'agissait de rien de tout cela ? Et si nos fantasmes n'avaient rien à voir avec la réalité ? Recommençons depuis le début. Cherchons à leur rendre hommage voire justice, en tout cas avec le peu que nous savons sur elles, celles d'aujourd'hui et celles d'autrefois. Car, au-delà de nos peurs et de nos croyances, il y a des destins de femmes. Singuliers, uniques et surtout riches d'enseignements, pour nous les femmes en particulier, mais pas seulement : probablement, pour notre monde d'aujourd'hui tout entier aussi. Partir à la rencontre de ceux-ci, c'est chercher à comprendre ce que signifie le pouvoir au féminin, pourquoi il a fait peur de tout temps et en tous lieux, pourquoi il nous interroge toujours autant. S'approcher ici de ces femmes, c'est oser se plonger dans leur héritage, leurs connaissances, voire, si le cœur nous en dit, oser expérimenter ce qu'elles nous proposent : un monde étonnant, infiniment riche et joyeux, d'une profondeur insoupçonnée.

Car, qui sont-elles, qui étaient-elles, ces sorcières, sinon des femmes de pouvoirs ? Sinon des femmes qui ont choisi ou, au moins, accepté de vivre des destins singuliers, en marge souvent, avec exigence et profondeur, dans un environnement capable de nous interpeller par sa puissance poétique et sa beauté ? Oui, cela ne fait aucun doute pour moi, parler des sorcières, parler de la magie, c'est parler du féminin, du pouvoir des femmes, de celui qui peut faire tellement peur aux hommes mais – ne soyons pas dupes – aux femmes aussi ! C'est cesser de se définir par rapport à eux, pour eux, juste s'inscrire dans la réalité de notre vie, sans comparaison, sans compétition. Être ce que l'on est. L'accepter, l'aimer, l'embrasser. Authentiquement femme, joyeusement femme, puissamment femme.

Un monde étrange et familier

Je ne sais pas pourquoi, je ne sais pas comment ce monde des sorcières a si tôt fait partie de ma vie. D'où me vient ce curieux sentiment que j'avais même lorsque j'étais enfant qu'il existe quelque chose que j'ai du mal à expliquer, un monde étrange, incertain, invisible ? Pourquoi n'ai-je eu de cesse de l'explorer, de chercher à comprendre, voire d'apprendre, pour un jour éventuellement mieux le maîtriser.

Je viens d'une famille structurée, extrêmement rationnelle et même scientifique, qui m'a servi d'ancrage, de « prise de terre » comme je dis parfois, de base de sécurité. Cette famille possédait des valeurs essentielles, qui m'ont permis de me déployer, à mon rythme, sur mon chemin, aussi singulier soit-il : l'amour, la tolérance, le respect, le soutien. Elle n'a pas que des qualités, mais celles-ci étaient bien là. Et jamais personne n'a jugé ce que je faisais, jamais personne n'a voulu avoir raison face à mes interrogations, mes explorations, mes croyances. C'est une chance immense. Et si l'on fait l'hypothèse que l'on choisit sa famille, alors je pense avoir fait preuve d'un grand discernement ! Grâce à la mienne, j'ai eu à la fois suffisamment de structure intérieure (et en particulier psychique) et suffisamment de souplesse pour oser me diriger là où mon destin semblait m'appeler, vers des territoires tabous, à l'époque inexplorés, même si aujourd'hui ces mondes dits parallèles semblent bénéficier d'un regain d'intérêt. Très vite, j'ai pris conscience de mon hypersensibilité, de ma capacité à me connecter avec les autres, voire à deviner certaines de leurs pensées. Très vite, j'ai commencé à soigner avec les plantes, appris à tirer les cartes, et je fais régulièrement des rêves prémonitoires… Je courais vers la nature comme vers mon havre de paix, je voulais sauver les animaux, j'écoutais les arbres, les oiseaux, le bruit du vent, pensant qu'ils me parlaient. J'aimais les gens différents, les poseurs de questions, les empêcheurs de penser en rond, le silence des cathédrales, la danse jusqu'à l'ivresse. Ma mère me le rappelait récemment, je parlais aux anges, à l'univers, je demandais, j'interrogeais, j'exigeais, je m'énervais, et parfois aussi je doutais. Je n'avais pas 20 ans lorsque, au cours d'une méditation, j'ai fait ma première expérience de sortie de corps (lors de ce type d'expérience, de plus en plus étudié par la science, on a la sensation que sa conscience va à l'extérieur de son corps physique : on a alors l'impression de flotter hors de son corps, de voyager vers des lieux lointains, voire, pour certains, de se voir de l'extérieur ; pour ma part, j'avais également totalement perdu la notion du temps), sans savoir ce que c'était, sans savoir que cela existait. Ne pensez pas que j'ai pu en tirer la moindre fierté. J'étais au contraire totalement paniquée, craignant de devenir folle, ne sachant vers qui me tourner pour comprendre ce qui s'était passé, pour n'avoir ne serait-ce qu'un embryon d'explication. À l'époque, c'était comme si je savais quelque chose et ne voulais pas le savoir. Je sentais que quelque chose vibrait derrière les apparences, tout en espérant que cela soit faux, que cela ne puisse jamais exister. Je rêvais à la fois d'un monde cartésien, solide, sécurisant, et parallèlement d'un monde en connexion avec la nature, avec la beauté, avec l'âme des êtres et des choses. Mon parcours n'a été que ce va-et-vient entre ces deux aspirations. Ponctué de rencontres plus ou moins riches, étranges, inquiétantes ou rassurantes. J'ai rencontré des maîtres, des sorcières, des chamans, des enseignants, des êtres inspirés, des sages, parfois des fous aussi. Tous ceux-là m'ont appris petit à petit à faire le lien, à recréer un pont entre ces deux parties de moi. À accepter ce qui était et ce qui semblait être. Au-delà de la matière et de la forme.

Premiers apprentissages

Parmi ces personnes, il y a très vite eu Maud Séjournant[1]. À l'époque, le monde du chamanisme n'avait pas la notoriété qu'il a aujourd'hui, et il existait très peu de livres sur ce thème. Étrangement, c'est ma psychanalyste, pourtant assez traditionnelle dans son approche, qui m'a recommandé de me pencher sur le sujet. Comme si j'attendais une forme d'autorisation inconsciente, j'ai acheté aussitôt trois ouvrages que j'ai dévorés. Parmi eux, celui de Maud, dont la lecture m'a autant saisie que réjouie : j'ai alors eu le sentiment d'avoir trouvé un début de réponse à quelque chose. D'autant plus que, finalement, grâce à de curieux concours de circonstances, nous avons fini par nous rencontrer : elle me propose alors de me former avec l'un de ses groupes de *Nagual* (apprentis). Ce premier temps de formation, d'investigation de l'autre côté du miroir, sera un moment joyeux, assez ludique, où nous apprenons à méditer, à ne pas nous laisser brouiller par nos émotions, nos peurs, à définir nos désirs avec davantage de précisions et nous nous entraînons tous ensemble à jouer avec… Avec quoi d'ailleurs ? Comment pourrions-nous nommer ces énergies que nous tentons d'apprivoiser, voire de tester ? L'univers, les forces de vie ? Ce qui se passe pourtant est assez stupéfiant : par exemple, nous demandons collectivement (à l'univers ; concrètement, cela consiste juste à

1. Psychologue et chamane, auteure du *Cercle de Vie*, un ouvrage de référence sur le chamanisme amérindien.

poser une demande à voix haute) de recevoir une enveloppe bleue dans la semaine, comme une sorte de défi : et nous la recevons tous, la dizaine de personnes que nous sommes ! Nous nous amusons comme des enfants de plus en plus troublés… Quelque temps plus tard, me voilà partie dans le pays Basque avec celle qui avait été l'assistante de Maud et qui a pris son envol, Virginie, pour un stage dénommé « Le pouvoir au féminin ». Nous sommes un groupe de femmes, et ce qui se passe est proprement incroyable : non pas au sens ésotérique du terme, car même si j'expérimente mon premier voyage au tambour (emportée par le rythme du tambour, notre conscience semble voyager comme dans un rêve, alors même que nous ne sommes pas endormis) et vis mon premier rituel initiatique en pleine nature, c'est bien dans la vraie vie que la métamorphose se fait. Lors de ce séjour qui aura duré moins d'une semaine, la voie de la naturopathie s'ouvre à moi, comme un déclic, une confirmation de quelque chose de très profond que je n'osais envisager, une envie qui émerge, fulgurante et irrépressible. Plus d'une décennie plus tard, nous restons toutes en lien, sœurs de cœur, de jeux et de transformations. C'est aussi lors de ce séjour que nous allons visiter Zugarramurdi, un village basque où de nombreuses sorcières furent condamnées au bûcher durant l'Inquisition : je suis à la fois fascinée et terrifiée. Il se passe quelque chose, je ne sais pas quoi. Le mot *sorcière* commence à résonner étrangement à mes oreilles. De manière presque familière. Sorcière, sorcières…

Sur la piste chamanique

À l'époque, pourtant, c'est davantage la piste de la chamane que je préfère investiguer. Amérique du Nord, Amérique du Sud. J'expérimente certaines plantes de pouvoir (l'ayahuasca, l'herbe du dragon, etc.), je fais des voyages (réels et psychédéliques). J'ai de la chance, je suis très bien accompagnée. C'est aussi le moment où j'achève de me former à la naturopathie et où j'ouvre mon cabinet. Mon chemin fait sens, de plus en plus, pour moi, mais aussi dans une ouverture de plus en plus grande aux autres. Je découvre des techniques qui m'aident à élargir ma conscience, comme la respiration holotropique[1], certaines techniques de transe. Les épreuves de la vie rabotent mon ego petit à petit pour laisser la place à autre chose : la foi, la joie. J'apprends à passer d'un monde à l'autre. Et j'en témoigne. Je ne veux pas cacher qui je suis. Je suis convaincue que tout cela peut avoir du sens pour le monde aussi. Je ne sais pas comment. Je cherche. Je ne sais pas non plus quand le retournement a eu lieu. En naturopathie déjà, je suis très vite convaincue que l'être humain appartient à un terroir, que nous sommes donc en harmonie, en vibration avec les plantes qui poussent autour de nous, et qu'il est donc inutile d'aller chercher au bout du monde des remèdes dont il existe forcément des équivalents à proximité (et qui nous conviennent mieux énergétiquement, je crois). Jusqu'à penser la même chose

1. Une technique de changement de conscience grâce à un usage spécifique de la respiration et de la musique.

pour ces chemins de sagesse et de spiritualité qui me font vibrer : pourquoi chercher dans un ailleurs si loin ce qui existe probablement près de moi ? Je repense à Zugarramurdi, je repense aux sorcières, je repense à mes amies. La boucle se fait. J'ouvre mes oreilles, je sillonne la France. Je pars faire le chemin de Saint-Jacques-de-Compostelle pendant plus de deux mois, nouvelle voie d'initiation qui poursuit mon ouverture spirituelle, me replonge en pleine nature et m'apprend encore davantage la confiance, ma chance, la présence dans l'ouverture à ce qui est. À mon retour, je suis formée à la transe par Barbara Schasseur, psychologue et thérapeute[1], une véritable initiée selon moi. Je pose régulièrement mes bagages à Val Tara, dans cette Bretagne magique où résonne également l'énergie de mes ancêtres : je peux y échanger avec mes amis sur cet ailleurs qui me fait de moins en moins peur. Je poursuis les rituels. Ma maison à la campagne m'aide aussi à me retrouver, à me reconnecter à la simplicité de la nature, au rythme des saisons, aux cycles de la lune. J'y expérimente également ma quête d'autonomie. Je me détends. Je commence à accepter. Les pièces du puzzle semblent s'emboîter.

1. Elle a été formée aux thérapies psychocorporelles et à la transe en thérapie auprès de différentes traditions.

Mes retrouvailles avec la sorcière

J'en ai parfaitement conscience, l'archétype de la sorcière est si puissant que, sitôt le mot dit, posé, affirmé, chacun est tenté de se positionner. Je veux en savoir plus. Je ne veux pas. J'ai peur. J'ai envie. Et si l'on prenait le temps ? Et si l'on se donnait pour une fois la possibilité de les écouter, voire de les honorer ? Vraiment. Maintenant que le chaman suscite de plus en plus l'intérêt, ne serait-il pas temps de réhabiliter ces femmes de pouvoir issues de nos contrées ? C'est de plus en plus ma conviction. Au-delà de nos fantasmes. Il a longtemps été compliqué, voire impensable (et impensé), de revendiquer leur filiation. Au fil du temps, je découvre pourtant que certaines personnes (peu nombreuses) ont travaillé sur ce thème. Je lis, j'en apprends davantage, au-delà des stéréotypes et des clichés, je m'immerge. J'apprends déjà que le mot *sorcière*, qui signifie étymologiquement « la jeteuse de sorts », vient du latin *sortiarius*, signifiant « diseur de sorts ». Le terme anglais *witch* est issu du vieil anglais *wiccian,* « jeter un sort, pratiquer la sorcellerie », qui fait écho à l'allemand *wicken*, « pratiquer la divination ». J'apprends aussi que ce terme est toujours usité de nos jours, que certaines s'en sont emparées et se définissent ainsi, osant remonter le temps, nager à contre-courant, dire et affirmer : « Je suis une sorcière, pas vous ? Je ne me rêve pas fée, non, je ne suis pas celle, trop bien éduquée, qui fait rêver, je suis celle qui ose, qui sort la nuit et va vivre la vie qu'elle s'est choisie. J'assume le dérangement que je peux susciter, oui, je peux faire face au jugement, à l'opprobre des braves gens. » Il était temps.

Même si le mot nous interpelle et peut faire peur, même s'il nous fait sortir de notre zone de confort, ce mot de *sorcière* (tout comme le mot *pouvoir*) n'est pas tout blanc ni tout noir : le jeu ici – et j'utilise ce terme à dessein car c'est à une expérience de l'autre côté du miroir qu'il nous invite – est d'aller au-delà des apparences. Comme un risque à prendre. Cela fait nettement résonance avec la problématique des pharmaka[1], des produits tantôt remèdes, tantôt poisons : « Dans notre tradition, et ce depuis Platon, on discrédite les pharmaka – ces choses dangereuses qui demandent un art du dosage – au profit de ce qui porterait en soi la garantie d'être bon ou véridique. [...] Ils demandent une prudence et une expérimentation pharmacologiques. » Oui, il y a peut-être des éléments dans le monde des sorcières qui nous font peur, ou qui nous dérangent. Est-ce une raison pour tout éliminer, tout oublier, et effacer d'un seul geste, au nom de dogmes parfois simplistes qui voudraient qu'une chose soit bonne ou mauvaise mais ne puisse pas être tantôt l'un, tantôt l'autre ? La complexité d'un tel mot – et d'un tel univers –, c'est qu'il nous invite à sortir de nos croyances bien arrêtées pour se fier à ce que l'on ressent, et à déloger pour cela les formes les plus subtiles et les plus profondes de

1. Telle qu'expliquée par la philosophe des sciences Isabelle Stengers, dans le magazine *Vacarme* daté du printemps 2002.

réflexes conditionnés, d'autocensure. Ouvrir la porte. Prendre le risque. Faire confiance. Vivre l'expérience. Avancer et voir ce qui se passe, un pas après l'autre. Cela n'empêche pas l'attention, la vigilance et même parfois la peur. Cela implique de prendre le temps, d'accepter de ne pas savoir. De traverser moult et moult zones d'inconfort, de se confronter aux jugements des autres, aux peurs des autres, aux certitudes des autres. Moi, je ne sais pas. Je sais ce que j'ai vécu. Je sais aussi ce qui résonne de manière juste en moi. Et c'est le cas pour le mot *sorcière*. C'est tout. La question n'est pas, n'est plus, de parler à notre raison, mais bien à notre cœur, à nos sensations. Mon mental peut se rebeller (et il ne manque pas de le faire avec régularité), mes croyances peuvent tanguer à force d'être prises à rebrousse-poil, j'ai renoncé à m'y attacher. Mes croyances ne sont pas moi. Elles peuvent se transformer. D'ailleurs, je n'ai rien décidé, j'ai suivi le fil telle Ariane dans son labyrinthe, avancé dans une direction qui me parlait. Je ne savais vraiment pas qu'elle m'amènerait ici, à ce livre, à ce mot *sorcière* que j'aurais envie d'expliquer, de justifier et encore une fois d'honorer.

Être ou ne pas être... sorcière

On ne décide pas vraiment de devenir une sorcière, ni de se reconnaître en tant que telle. Dans la vraie vie, c'est un chemin qui se fait, que l'on peut d'ailleurs accepter ou ne pas accepter. Le mot *sorcière* est au bout de la route, mais il pourrait être tout autre. Ce n'est pas très important. Je sais reconnaître, je crois, le vrai pouvoir et la connaissance chez les autres. J'ai plus de mal avec moi. Parfois, cela m'amuse de me définir ainsi, d'autres fois, pas du tout. Parfois, je suis capable d'ouvrir les yeux dans le noir avec gratitude, d'autres fois, j'ai juste envie de retourner à une vie normale, où mes préoccupations seraient plus simples que de m'escrimer à devenir une grande personne, soutenante et cohérente. De celles qui tentent par tous les moyens de maîtriser les enjeux de la transformation, de la métamorphose. Car le mot *sorcière* invite à cela : changer les choses vers plus de respect, d'unité, oserais-je dire d'amour. Au cœur du monde. Réconcilier la terre et le ciel, l'eau et le feu, grâce à l'alchimie du souffle. Ici, au sein de ce livre, c'est de cela qu'il s'agit. De partager ces expériences, sans aucune certitude, en toute humilité. Vous présenter une évolution, la mienne : elle a fini par faire sens petit à petit, à faire écho dans mon cœur même lorsque ma tête me disait : « Ce n'est pas vrai, c'est impossible »… Aujourd'hui, même lorsque je ne comprends pas – et c'est souvent que je ne comprends pas, souvent que je me dis : « Non, ce n'est pas possible, je n'ai pas pu vivre cela » –, une autre partie de moi m'invite juste à accueillir ce qui est. « *Let it be* », dit la chanson. « *Let it be* », me dit mon âme. Qu'il en soit ainsi.

Au fur et à mesure de notre chemin ensemble, nous allons chercher à explorer les mille facettes de ce thème si riche : d'abord découvrir pourquoi les sorcières ont été persécutées à leur époque, mais aussi pourquoi elles peuvent contribuer à notre vie, aujourd'hui, en nous interrogeant sur le féminin et notre manière de l'incarner. Sans oublier comment nous pouvons nous en inspirer concrètement afin de recouvrer une féminité encore plus libre, plus puissante et plus engagée.

PREMIÈRE PARTIE

IL ÉTAIT AUTREFOIS...

Chapitre 1

Tant d'histoires de sorcières

« La Sorcière, la médecinienne, la miresse, la Bonne Dame, la Belle Dame (Belladona), la saga, la sage-femme, l'Armide, la cartomancienne, la chipie, la pie-grièche, la chiromancienne, la guérisseuse, la harpie, la mégère, la magicienne, [...], l'oracle, la prophétesse, la pythonisse, la pimbêche, la fée, vous, moi. »

Pascale d'Erm[1]

Que sait-on des sorcières aujourd'hui ? Si peu de choses. Et même ce que l'on sait, il n'est pas sûr que cela soit vrai. Pourquoi ? Parce que, pendant des siècles, l'histoire – écrite par des hommes – a choisi d'occulter le massacre de ces femmes différentes.

En Europe, entre le Xe et le XVIIIe siècle – même si le plus fort de ces meurtres eut lieu à la suite d'une bulle pontificale du pape Jean XXII, en 1326 –, ce sont

1. Pascale d'Erm, *Sœurs en écologie*, éd. La Mer salée, 2017.

près d'un demi-million de femmes qui auraient été condamnées à mort, le plus souvent au bûcher, sous prétexte d'avoir signé un pacte avec le diable, c'est-à-dire d'avoir eu des relations sexuelles avec lui, des accusations souvent issues de leur mari (mais pas seulement). Un traité en particulier sera utilisé pour les pourchasser : *Malleus Maleficarum*[1], le « Marteau des sorcières ». Il présentait des arguments théologiques et juridiques, et fournissait des directives pour repérer et éliminer les sorcières. Ce véritable génocide est encore tu de nos jours. Même si les chiffres varient selon les sources (entre les archives religieuses et celles des tribunaux) et que l'on ne saura jamais la réalité de cette tragédie, il ne fait nul doute qu'elles ont été extrêmement nombreuses à avoir été condamnées pour des prétextes fallacieux. Dans ces accusations de sorcellerie, la proportion de femmes était de 80 %. Les 20 % restants étaient donc des hommes, la plupart des vagabonds, des « errants ». Les femmes, au contraire, étaient de tous âges, de toutes conditions, de diverses confessions, même si, et ce ne peut être un hasard, elles étaient souvent sages-femmes ou guérisseuses, proposant des remèdes basés sur une pharmacopée traditionnelle, les « simples », mais s'occupant aussi probablement de contraception, voire d'avortement. Les historiens se sont beaucoup interrogés sur une telle

1. Ce traité écrit par deux dominicains allemands, Henri Institoris et Jacques Sprenger, a été publié en 1486 ou 1487, à la suite d'une lettre pontificale (on parlait de « bulle ») mettant en garde contre la sorcellerie. Catholiques et protestants l'adopteront comme faisant autorité dans la lutte contre cette dernière.

répression et sur cette soudaine montée de violence antiféminine. Plusieurs raisons ont été avancées, mais il apparaît de prime abord qu'elle fut la manifestation de la misère du temps et que sa répression fut à la mesure des calamités naturelles qui accablaient les populations. La société voulait des coupables : les éléments non conformistes et marginaux constituèrent de parfaits boucs émissaires. Au premier rang, les femmes, les plus vieilles, les plus laides, les plus pauvres, les plus agressives, les plus différentes. Celles qui suscitaient la crainte. Ainsi, par exemple, en 1595, un mandement de Philippe II pour les Pays-Bas espagnols mentionnait les vieilles femmes comme particulièrement suspectes du crime de sorcellerie. Parallèlement à cela, bon nombre de ces prétendues sorcières sont des femmes isolées, n'ayant ni fils, ni mari, ni frère, et dont les biens destinés à tomber en déshérence échappent aux règles normales de succession, lesquels sont donc susceptibles de stimuler certains appétits. Notons également que les deux tiers de leurs accusateurs furent des hommes, chacun y allant de son fantasme, de son inquiétude, de sa projection… Un pouvoir masculin s'appuyant sur l'incroyable puissance de manipulation des consciences que représentait alors l'Église finit donc par enchaîner condamnation sur condamnation jusqu'à aboutir à ce véritable sexocide[1]. Ces femmes furent brûlées, parfois noyées, des fois avec leurs enfants, voire avec leurs animaux, dans le silence assourdissant de l'histoire en

1. L'écrivaine Françoise d'Eaubonne en fit le titre de son livre *Le Sexocide des sorcières*, éd. L'Esprit Frappeur, 1999. Certains historiens parlent aussi de « gynocide ».

marche. Ce n'est qu'au bout de trois cents ans que finalement Jules Michelet[1] prendra sa plume (après avoir quasiment achevé son *Histoire de France* en 17 tomes), afin de réhabiliter ces femmes, même si l'on peut être aujourd'hui troublé par la vision particulièrement romantique qu'il a de son sujet : « Elle est voyante à certains jours ; elle a l'aile infinie du désir et du rêve. Pour mieux compter les temps, elle observe le ciel. Mais la terre n'a pas moins son cœur. Les yeux baissés sur les fleurs amoureuses, jeune et fleur elle-même, elle fait avec elles connaissance personnelle. Femme, elle leur demande de guérir ceux qu'elle aime. » Il n'empêche, son livre fait scandale lors de sa sortie, fut menacé de saisie, les autorités ecclésiastiques exigeant la suppression de deux passages qu'elles jugeaient particulièrement accusateurs. Il connaît néanmoins un beau succès et sera plusieurs fois réédité.

Une concurrence religieuse à son paroxysme

Parce qu'il s'agit majoritairement d'un crime contre les femmes, ces procès en sorcellerie nous interrogent sur la place spécifique accordée à la femme dans les cultures européennes de cette période. D'autant qu'il est important de noter qu'une bonne partie de l'Europe ignora totalement la chasse aux sorcières :

1. Historien français libéral et anticlérical, né en 1798 et mort en 1874.

l'Italie, l'Espagne et le Portugal en particulier (à l'exception des régions frontalières avec les pays qui s'y sont livrés tel le nord de l'Italie, par exemple, partageant des frontières avec la France et la Suisse, deux pays où la chasse aux sorcières a été intense). Les tribunaux de l'Inquisition ont d'abord été créés pour lutter contre les hérésies des Cathares, des Vaudois puis des Templiers, et certainement pas pour lutter contre d'hypothétiques sorcières. D'ailleurs, les bulles pontificales qui les mettent en place ne signalent pas que les femmes devraient être davantage soupçonnées que les hommes en tant qu'hérétiques. Ce sont les inquisiteurs eux-mêmes qui, de leur propre chef, ont largement dépassé leurs prérogatives et se sont lancés dans la lutte contre les femmes, considérant qu'elles étaient nécessairement du côté du diable, utilisant d'ailleurs des croyances encore vivantes comme celles de la femme maléfique ou celle de la « Société de Diane » selon laquelle certaines parcouraient de nuit les campagnes à la suite d'une divinité, la Diane romaine. Mais les choses s'aggraveront avec la réforme protestante : d'ailleurs, la géographie de la chasse aux sorcières des XVIe et XVIIe siècles s'inscrit précisément dans les zones de contact entre le catholicisme et la Réforme, des deux côtés de la frontière religieuse, catholiques comme protestants ayant cherché à les éradiquer. Là où le protestantisme est rapidement éliminé et là où il n'a jamais pris pied, la chasse aux sorcières est ignorée.

Une connaissance confisquée

L'un des prétextes de cette chasse aux sorcières concerne néanmoins les connaissances de médecine empirique attribuées à ces femmes. Or, à la fin du Moyen Âge, entre le XIIIe et le XVe siècle, l'on assiste au développement des universités : il devient alors vite interdit d'exercer la médecine si l'on n'est pas issu de l'une d'elles. Pourtant, les sorcières continuent à le faire. Jules Michelet l'explique dans *La Sorcière*[1] : « L'unique médecin du peuple, pendant mille ans, fut la sorcière. Les empereurs, les rois, les papes, les plus riches barons avaient quelque docteur de Salerne, des Maures, des Juifs, mais la masse de tout État, et que l'on peut dire de tout peuple, ne consultait que la saga, ou sage-femme. » Cette pratique alors qualifiée de païenne est accusée à ce titre de sorcellerie : les inquisiteurs et les juges sont convaincus que ces connaissances n'ont pu leur être communiquées que par le diable. Et si la femme possède le pouvoir de guérir, peut-on imaginer qu'elle ne soit pas capable de nuire à son entourage par des moyens semblables ? Ces guérisseuses sont alors excommuniées, jugées et punies de mort, pour exercice illégal de la médecine dirait-on maintenant, exercice en dehors des règles qu'avait alors décidées le pouvoir. En qualifiant les savoirs populaires de superstitieux, d'obscurantistes, voire de diaboliques, on substitue à la figure du guérisseur intégré à la communauté celle du médecin qui dispense sa science d'en haut.

1. 1862 ; Flammarion, 1966.

Le patient, privé de sa confiance dans sa propre culture et son propre ressenti, est désormais entretenu dans la conscience de son impuissance. L'être humain est ainsi coupé de son propre corps, coupé de ses semblables, coupé de la nature. C'est la fin de l'immanence, conception selon laquelle la valeur sacrée réside dans chaque élément du monde sans y être apportée par un dieu qui lui serait extérieur. L'immanence, qui avait survécu au catholicisme à travers les pratiques et les croyances qu'incarnaient entre autres les sorcières, ne résiste pas à la mise en coupe réglée de la culture populaire qui se joue alors et s'est prolongée jusqu'à maintenant.

Un monde qui change

N'oublions pas non plus les bouleversements qui ont affecté les campagnes dans l'Europe entière au moment de l'Inquisition : il s'agit d'une époque marquée par le passage d'une société féodale aux balbutiements de l'économie de marché, avec la mise en place des premières industries textiles et donc des prémices de l'emploi salarié. C'est l'époque des enclosures, ces « mises en clôtures » : les paysans sont expropriés des terres qu'ils exploitaient autrefois collectivement (même si elles appartenaient formellement au seigneur) et ne peuvent alors plus aller nourrir leur cochon dans les bois communaux, ni pêcher dans les marécages (dont un grand nombre a été asséchés), ni faire pousser des plantes médicinales sur les terres communes. Cette suppression des espaces « communs », la concentration des terres, bref la naissance du capitalisme agraire, ont laissé les plus pauvres au bord du chemin. Les plus marginaux, privés de leurs derniers moyens de subsistance, deviennent tributaires des salaires. Pour les historiens, il ne fait pas de doute que la répression de la sorcellerie apparaît alors aussi comme une réponse à la peur sociale provoquée par la montée de la mendicité et de la pauvreté dans les campagnes. Ses conséquences sont notables : elle fragilise la communauté, puisque le risque de se faire dénoncer comme sorcier ou sorcière pousse chacun à se méfier des autres. Elle éradique le lien à la terre, ce lien que les villageois célébraient à travers les rituels marquant le cycle des saisons. Le modèle familial subit également une transformation majeure. Le retard de l'âge au mariage, de plus en plus marqué à partir du XVIe siècle, conjugué à une morale sexuelle de plus en plus rigide sous l'effet des réformes protestantes et catholiques, a provoqué des frustrations chez les jeunes mâles qui ont à la fois du mal à exprimer leur sexualité mais aussi à trouver des terres pour créer leur propre exploitation agricole. La fin du Moyen Âge correspond à une évolution importante du travail en Europe : le commerce maritime s'intensifie, l'urbanisation augmente, l'artisanat se recompose, l'industrie évolue grâce aux progrès de la technique – c'est le cas dans la brasserie et le tissage, par exemple –, on assiste à l'apparition des premières confréries ouvrières, mais aussi à celle d'une bourgeoisie capitaliste. D'un travail-pénitence accompli par le moine ou le serf, le travail devient une voie de salut pour des hommes prêts à servir loyalement les autres, à consacrer les efforts nécessaires pour être les artisans de leur vie… Toutes ces nouvelles formes d'activité sont survalorisées, alors que la vie sensuelle se trouve dénigrée : le travail finit par constituer une fin en soi, avec pour corollaire de condamner le temps de vivre, le plaisir, la jouissance du moment, et de glorifier et valoriser le contrôle, la domination du corps et de la nature, l'organisation hiérarchique, la compétition, l'individualisation[1]. La société dite « moderne », avec ses dogmes, ses croyances et ses valeurs que nous connaissons bien, se met ainsi en place. Passé Michelet, le martyre des sorcières finit par retomber dans l'oubli.

Les féministes s'emparent du sujet

Un siècle plus tard, dans les années 1960, les féministes vont le réveiller de ce long sommeil : le culte des Wicca, des sorcières blanches, finit par resurgir de l'autre côté du Pacifique, en particulier sous l'influence de Starhawk, une pacifiste écologiste, laquelle créera la tribu des Sorcières d'Amérique. De son vrai nom Miriam Simos, cette femme est née en 1951 aux États-Unis. Écrivaine, formatrice et militante altermondialiste, elle vit et travaille à San Francisco et se définit elle-même comme féministe et sorcière. Elle revendique l'usage de la magie en politique qu'elle définit

1. Cette notion a particulièrement été développée par Miguel Benasayag dans *Le Mythe de l'individu*, La Découverte, 2004.

comme « l'art de changer la conscience en volonté[1] ». Écoféministe, néopaganiste, altermondialiste, les mots qui la définissent lorsque l'on fait des recherches à son sujet sont curieux. Il faut dire qu'elle reste très peu connue en France. Alors que ses livres seront des best-sellers aux États-Unis, ils ne seront même pas publiés dans nos contrées[2]. Si l'on omet l'existence en France de la revue féministe (et artistique) *Sorcière*, dont la diffusion resta assez confidentielle, il est clair que la vieille Europe et surtout le pays de Descartes font de la résistance, comme s'ils ne voulaient surtout pas se trouver confrontés aux vieilles mémoires d'un peu glorieux passé. Difficile d'assumer que les flammes des bûchers ont bien entaché cette Renaissance que le discours officiel n'a cessé de porter aux nues. Difficile de se confronter à l'idée que ce triomphe de la raison a surtout été celui de la raison du plus fort : patriarcal, rationnel, scientiste. Et pourtant, oui, pourquoi ne pas le reconnaître, nous sommes aussi les héritiers (et les héritières) de ce monde qui a brûlé les sorcières. Oui, une partie de nous pense encore que ces anciennes guérisseuses étaient marginales et superstitieuses (même si l'on commence timidement à redécouvrir la pertinence de leur médecine préventive et leur usage avisé des plantes). Oui, nous rejetons encore le corporel, le sensuel – sans parler du sexuel – et le nourricier. Pas de doute, une forme de vision

---

1. Starhawk, *Rêver l'obscur. Femmes, magie et politique*, éd. Cambourakis, 2015.

2. *Dreaming the Dark: Magic, Sex and Politics* a ainsi été publié aux États-Unis en 1982, et en France en 2015 !

mécaniste – nous faisant voir davantage les éléments que les relations entre eux –, capitaliste et patriarcale du monde est encore en nous.

Pour tenter de transformer les choses, comme l'explique la journaliste et essayiste Mona Chollet dans un très bel article[1] consacré à Starhawk, ces nouvelles sorcières américaines travaillent à redonner à chacun la conscience de son propre pouvoir en même temps qu'à renforcer ses liens avec les autres, la nature et le monde. Cette force et ces liens ne sont pas des enfantillages gentiment ésotériques, affirment-elles. La vision mécaniste du monde[2], si elle continue à régner sur nos consciences, n'a-t-elle pas été depuis plusieurs décennies invalidée par la science ? « La physique moderne ne parle plus des atomes séparés et isolés d'une matière morte mais de vagues de flux d'énergies, de probabilités, de phénomènes qui changent quand on les observe ; elle reconnaît ce que les chamans et les sorcières ont toujours su : que l'énergie et la matière ne sont pas des forces séparées mais des formes différentes de la même chose. » Ce sont ces flux d'énergie, cette force qui lie tous les éléments du monde – le prana hindou, le qi asiatique, le mana hawaïen – que les sorcières apprennent à célébrer et à manier, inventant de nouvelles formes de rituels : se regrouper, danser, chanter,

1. « Quitter la terre ferme des certitudes », publié sur le site de critique culturelle *Périphérie* qu'elle codirige.

2. Dans un tel paradigme, les individus et les faits sont considérés comme fonctionnant de manière mécanique, donc analysables objectivement. L'on omet d'avoir une vision plus globale des choses, ainsi que de considérer les interactions entre les éléments.

se connecter, faire des demandes ensemble. De manière simple, concrète. Les sorcières ont en effet un principe : « des choses, pas des idées ». Le projet ici étant justement de renoncer à cette approche intellectuelle pour rentrer directement dans le vif du sujet. Le pratiquer, l'expérimenter. Quitte à se tromper.

Les réhabiliter nous aussi

Et aujourd'hui ? S'il n'est pas forcément nécessaire de chercher à imiter les sorcières américaines, nul doute que le fait d'évoquer les sorcières et de s'interroger sur ce qu'elles pourraient nous apporter a cessé de nous faire peur, jusqu'à parfois nous faire envie (même de ce côté de l'Atlantique). Petit à petit, prendre conscience de son propre pouvoir et apprendre à se connecter avec la nature n'a plus été un tabou mais une opportunité : faire silence, se pencher sur soi, se poser ; en se faisant guider, ou pas, selon son désir. Puis, au fil du chemin, de rituel en rituel, de rencontres avec soi et avec d'autres, retrouver la joie. Celle de participer à un projet qui va au-delà de soi, d'apprendre cette connaissance des mages ou la « vieille religion » comme disent aussi certains pour parler de la Wicca, et qui, bien plus qu'une religion, évoque simplement une forme de spiritualité au cœur de la nature. Celle de créer sa vie en s'appuyant non plus sur les attentes infantiles de notre ego mais la prise en responsabilité de sa demande.

Alors, aujourd'hui, être une sorcière qu'est-ce que c'est ? Selon moi, c'est travailler sur soi tant et tant pour pouvoir faire preuve d'ouverture et de sagesse, et utiliser à bon escient ce que l'on sait, avec discrétion et humilité. Être sorcière, c'est aimer son corps, nu ou habillé, en prendre soin, le renforcer puisqu'il contribue au développement de ses pouvoirs personnels. Être sorcière, c'est retrouver le rythme de la nature, fêter les solstices, les équinoxes et les pleines lunes, éventuellement en lien avec d'autres personnes capables d'apprécier la singularité d'un tel moment. Être sorcière, c'est accepter de remettre chaque jour sur le métier l'ouvrage, apprendre et s'interroger sans discontinuer. C'est finir parfois, si on le souhaite, grâce à un entraînement adéquat et rigoureux, par accomplir des actes hors du commun, semblant relever du surnaturel, comme changer la météo ou créer un vrai changement de vie, en utilisant ses propres ressources intérieures, même si cela ne semble jamais être une fin en soi. Il est, bien sûr, possible de prendre un nom d'initié(e), d'acheter un chaudron, une boule de cristal, sans oublier un chapeau pointu et un balai, de jouer de tout ce folklore associé, mais l'essence de la sorcellerie n'est pas là.

Son essence est plus profonde, plus troublante : elle consiste à revenir vers soi et à se dire : « Si je peux faire quelque chose de magique, je veux le faire, je vais prendre le temps nécessaire pour y arriver. Je vais apprendre à me concentrer, à méditer, à visualiser. Chaque jour un peu. Aller au sein de ce monde secret, lequel implique le retour de l'innocence, d'une sorte de foi enfantine, capable de dire : "Oui, je vais essayer et je vais bien voir ce qui va se passer." » L'essence même de la sorcière est la transformation : la véritable magie est un art spirituel dont l'objectif est d'unir l'esprit avec la matière, grâce à l'énergie de l'amour, pour que la matière finisse par donner vie à la puissance de l'esprit. Concrètement, les pratiques de la magie constituent un moyen d'utiliser l'énergie qui nous entoure, qu'elle provienne de la terre, de l'univers, du cosmos ou de l'intérieur de nous-mêmes. Qu'il s'agisse de rituels, d'invocations, de recettes magiques, ils servent avant tout à augmenter et à renforcer notre volonté. Ils nous aident à conserver notre attention et à puiser dans nos propres réserves spirituelles et émotives, dont la plupart du temps nous ignorions même l'existence. La magie vise à accéder à une plus grande connaissance des mystères de l'univers, de la terre, de la nature et de l'amour. Au-delà de soi, au-delà de nous. Mais c'est aussi l'art de mener une vie créative, empreinte d'énergie, de chant, de rencontres et d'éclats de rire. C'est une sorte de danse sacrée à laquelle nous sommes toutes et tous conviés. Concentration, travail et sagesse sont évidemment primordiaux. Mais la ténacité, la sérénité et l'ouverture d'esprit ne doivent pas être oubliées au fil du chemin, sinon la magie ne sera que fantaisie. Car *in fine*, il s'agit vraiment de notre capacité à nous unifier avec un état sacré, celui d'être vivant au cœur d'un monde incroyable. Alors, grâce à la magie, la peur se fait joie, la frustration se transforme en épanouissement, et l'existence se fait plus pure, loin des bavardages, des jeux de rôle et de l'identification à son corps et à son ego.

Et si, dans la lignée de Starhawk et même des féministes italiennes des années 1960, il ne fait guère de doute que les sorcières d'aujourd'hui portent haut les valeurs du féminin, et que l'on peut donc les qualifier de « féministes », il ne s'agit pas d'un féminisme de combat, de confrontation, de compétition mais bien d'un féminisme par nature : femmes, elles occupent leur place de femme, sans vouloir préempter celle des hommes. Mais le fait d'affirmer simplement leur spécificité est peut-être ce qui les rend révolutionnaires à leur manière. Il n'est plus le temps de la revanche, ni de la colère. Peut-être est-ce celui de déposer les armes, de pacifier le passé, tout en refusant totalement compromis et ambiguïté. Certaines d'entre elles peuvent faire le choix de militer, de dénoncer le sexisme, de revendiquer. Avec les outils d'hier ou d'aujourd'hui. Rituels mais aussi pétitions en ligne – le hashtag remplace souvent le sabbat ! –, au fond l'idée reste la même : se regrouper afin de se réapproprier son propre pouvoir puis d'interpeller les autres femmes, le public en général, et aussi les institutions en place. Sortir du statut de victime, devenir actrice du changement, agir un peu, beaucoup, passionnément, au risque de ne pas plaire à tout le monde. Mais ce n'est plus un problème…

Chapitre 2

Femmes de pouvoir, pouvoir des femmes

Ne nous racontons pas d'histoires. Au-delà même de tels enjeux universitaires, politiques, religieux, enjeux de pouvoir s'il en est, quels que soient les prétextes et les explications que l'on peut trouver, toutes ces femmes ont d'abord été persécutées parce qu'elles étaient des femmes. Cette condition de sorcière, avérée ou imaginaire, n'a souvent été qu'un fallacieux prétexte pour non pas juger la Sorcière mais bien la Femme dans toutes ses dimensions.

Lorsque l'on évoque le pouvoir des femmes, un thème nous vient en tête : celui du matriarcat. Une légende veut qu'avant le patriarcat que nous connaissons depuis quelques millénaires les femmes dominaient et dirigeaient la société. Pour les historiens, c'est un sujet qui fait débat. À ce jour, nous n'avons aucune trace d'aucune sorte d'une période où les femmes auraient pris (et abusé) du pouvoir, et l'on peut se demander si la fonction des mythes ne serait pas de justifier pourquoi les choses sont comme elles sont, sans pouvoir s'appuyer sur une réalité historique quelle qu'elle soit. Celui-ci permet de faire courir l'idée que les femmes ont déjà eu le pouvoir et le savoir mais qu'elles les ont si mal utilisés qu'il a bien fallu que les hommes viennent les remplacer… De même, dans le monde, nous ne connaissons pas de société matriarcale : s'il existe bien de nos jours quelques microsociétés de chasseurs-cueilleurs paraissant plus égalitaires – en tout cas, vues de l'extérieur –, on peut néanmoins relever que les décisions importantes comme lever le camp y sont prises par les hommes. De la même manière, alors que les femmes contribuent par la cueillette à 80 % de l'apport alimentaire nécessaire, c'est la nourriture apportée par l'homme, le produit de la chasse, qui est valorisée.

Si l'on regarde en arrière, vers la période qui nous intéresse, on se rend compte qu'historiquement, en Europe, l'Inquisition n'eut de cesse de pousser la collectivité vers un monde contraignant au maximum les femmes, sachant que dans le christianisme c'est la femme qui est coupable du « péché originel ». Pour démontrer ce qui leur apparaît comme une évidence, les inquisiteurs s'appuient sur un argumentaire puisé à la meilleure tradition antiféminine de l'Ancien Testament, des textes de l'Antiquité classique et des auteurs médiévaux. Mais ils n'inventent rien. Selon eux, l'infériorité de la femme remonte à la Genèse, plus précisément à deux épisodes que les théologiens ont commentés en abondance : la création d'Ève et la chute. Dieu a créé Ève à partir d'Adam, ce qui légitime à leurs yeux la soumission de la femme à l'homme. Pis, c'est à partir de la côte d'Adam qu'Ève a été créée. La côte est un os courbe, l'esprit de la femme ne pouvant être alors que torve et pervers. L'épisode de la chute le montre bien. Si Satan a tenté Ève, c'est Ève qui a séduit Adam et l'a conduit à la faute : la femme est directement responsable de la chute de l'homme. Elle doit en payer le prix. Tous ces procès de sorcellerie ont donc mené à des exécutions de femmes (et d'hommes également, mais dans une bien moindre mesure), femmes dont la principale « faute » est d'être nées femmes. Même s'il ne fait guère de doute que le monde de la sorcellerie relève davantage d'un système matriarcal, car c'est ici l'aspect féminin qui prime, la nature, la fécondité, la terre et, par extension, la femme qui jouit et qui donne la vie, cela n'en faisait pas des criminelles pour autant. Au cœur de cette tentative d'éradication de la sorcière qui a perduré pendant plusieurs siècles se cachent la peur puis la haine des femmes lorsqu'elles expriment tout ou partie de leur véritable potentiel.

Une violence qui se poursuit aujourd'hui

Cette question ne peut manquer de nous interpeller de nos jours. L'égalité, si elle progresse, est loin d'être réalisée (surtout si l'on se place à l'échelle mondiale). Et la question de la violence faite aux femmes est sans cesse d'actualité. Certes, on ne les brûle plus sur des bûchers. Mais elles la subissent encore de plein fouet :

en 2016, en France, selon l'INSEE, 120 femmes ont été tuées par leur compagnon, 220 000 ont été battues (dont seulement 14 % ont osé porter plainte), 230 sont violées chaque jour, 1 femme sur 5 déclare avoir subi un harcèlement sexuel au travail, sans compter toutes celles qui sont harcelées dans l'espace public. Ne tombons donc pas dans le piège de la méchante sorcière des contes de fées qui a bien mérité ce qui lui est arrivé. C'est cette méfiance vis-à-vis des femmes, qui semble parfois aller jusqu'à la haine, qui a été le terreau de ce déchaînement de violence. Et comme le rappelle l'anthropologue et professeure honoraire au Collège de France Françoise Héritier, il importe de se rappeler que les auteurs de ces violences faites aux femmes ne sont pas le fait du hasard, mais bien des hommes. Ne nous y trompons pas, il ne s'agit pas d'un processus naturel mais culturel : « C'est justement parce que les humains sont capables de penser qu'ils ont érigé un système qui est un système de valences différentielles du sexe. Et cela s'est passé il y a fort longtemps[1]. » Nous sommes les seuls parmi les espèces où les mâles tuent les femelles. Ce n'est donc pas une question de bestialité, de nature, mais bien une question de pensée, de construction mentale. À l'époque, l'emballage de cette violence a été de créer des peurs irrationnelles, religieuses, comme autant de prétextes. Plus les femmes concernées dérangeaient, avaient de pouvoir, plus elles vivaient librement, loin des diktats de la bien-pensance, plus elles en ont fait les frais.

1. France Culture, 14 juin 2017, « Pourquoi la violence faite aux femmes », débat avec Françoise Héritier.

La femme, une ressource à se partager

Les recherches de cette anthropologue sont d'ailleurs essentielles lorsque l'on souhaite interroger la place de la femme dans la société, reprendre de zéro des évidences qui n'en sont pas, pour constater que rien de ce qui nous paraît naturel ne l'est. Tout ce que nous faisons ou pensons constitue le produit d'une réflexion collective, encore susceptible d'évolution et de transformation. En particulier, ce qui concerne les différences des sexes, selon elle, à l'origine de tout. Comme elle l'explique, les choses ont commencé à s'inscrire de manière consciente et inconsciente aux origines de l'humanité sur de simples observations : les hommes ont été témoins que les femmes perdaient régulièrement du sang. Selon eux, cela ne pouvait donc que les affaiblir. Comme elles le perdent sans pouvoir s'en empêcher, c'était pour eux la preuve du caractère passif du féminin. En outre, nos ancêtres ont pu observer que les femmes possédaient une spécificité notable, laquelle pouvait être perçue comme injuste : elles sont non seulement capables de faire des filles, semblables à elles, mais également de faire du différent, des corps masculins. Pas les hommes. Eux ont besoin des femmes pour avoir des fils. Mais cette capacité s'est retournée contre les femmes. Elles sont devenues une ressource nécessaire qu'il fallait se partager. Les hommes doivent se les approprier socialement sur la longue durée pour engendrer des fils. Dans cette appropriation, en corps et en esprit, naît la hiérarchie, laquelle s'accompagne alors forcément de dénigrement, de privation de liberté et de restriction à cette fonction reproductive. Notre grille de lecture aujourd'hui respecte, immuable, cette hiérarchie que la chercheuse appelle le « modèle dominant archaïque ».

Plus vite, est-ce vraiment mieux ?

Un exemple ? Cette expérience rapportée en avril 2000 par le magazine *Nature Neuroscience* portant sur la capacité à sortir d'un labyrinthe virtuel : la femme met 55 secondes de plus que l'homme à y parvenir. Les chercheurs soulignent également que les femmes s'orientent par rapport à des critères sensibles, là où l'homme va s'appuyer sur des critères géométriques. D'ailleurs, disent-ils, les rats et les rates évoluent de la même manière sur leurs territoires de chasse sans que cela ait d'impact sur le résultat respectif de leur quête alimentaire. Pour autant, la conclusion souligne l'infériorité féminine, en s'appuyant sur le postulat qu'il vaut mieux savoir s'orienter rapidement sur des critères abstraits que plus lentement sur des critères concrets. Inférieures alors, pourquoi ? Nul ne le sait. Mais la hiérarchie archaïque de valeurs semble de toute manière être déjà présente dans la tête de l'expérimentateur comme dans celle du lecteur : nous pensons tous, effectivement, que plus vite c'est mieux… Et nous avons si bien intégré cette croyance par imprégnation éducative et sociale qu'il nous est difficile de l'interroger, en tout cas de manière naturelle.

La fin de la fertilité

Il existe néanmoins, pour les femmes ordinaires, des situations et des moments où on leur attribue une « chaleur » analogue à celles des hommes, laquelle peut les rendre potentiellement dangereuses, en particulier lorsqu'il s'agit de femmes ménopausées. Mais cela concerne aussi le célibat, que la société a cherché pendant longtemps à dévaloriser car elles détournaient les femmes de leur fonction (soi-disant première) de reproductrices, acceptant néanmoins que dans des circonstances exceptionnelles elles soient amenées à se comporter comme des hommes. L'exemple de Jeanne d'Arc permet d'imager cette manière de voir : le fait que la pucelle d'Orléans, véritable célibataire, entende des voix ou prenne la tête d'une armée ne dérange plus personne, alors même que, dans d'autres circonstances, le physiologique – la force contre la douceur, la puissance contre la fragilité – va servir de justification au maintien de la croyance d'une valeur différente entre les sexes, du fait que le masculin prime sur le féminin. Le cas des femmes ménopausées est particulièrement intéressant. Au niveau historique et social, on a longtemps cru que, parce que les femmes cessaient de perdre de la chaleur par leurs règles, elles allaient (ou elles risquaient de) pouvoir en accumuler. Et ce d'autant plus si elles continuaient à avoir des rapports sexuels sans qu'aucune naissance ne vienne les libérer d'un tel potentiel énergétique. Ce qui n'a pas manqué de susciter de l'inquiétude. On trouvera parmi elles beaucoup de celles qui seront soupçonnées de sorcellerie. Les sorcières sont effectivement souvent des femmes qui n'ont pas de mari ou dont le mari ne parvient plus à contenir, à canaliser le pouvoir, le désir, en particulier sexuel (c'est pourquoi, il est souvent arrivé qu'il soit l'auteur des dénonciations). Cette croyance sur les humeurs, répandue en Europe jusqu'à la fin du XIXe siècle, a été à l'origine de nombreuses accusations de sorcellerie lancées sur des femmes d'âge mûr, en particulier celles qui n'avaient pas renoncé à leur désir de séduire. La crainte que suscitent celles que l'on traite de sorcières provient aussi souvent du fait qu'elles ne sont pas soumises à un homme qui, grâce à la satisfaction sexuelle qu'il est susceptible de leur procurer, les contiendrait et les dominerait…

Des résistances qui perdurent

Les choses ne sont plus comme cela aujourd'hui, avons-nous envie de nous rassurer. Et il est clair que de nombreux changements se sont opérés : la sociologue Nathalie Heinich[1] cite ainsi l'un de ses confrères allemands, Norbert Elias, selon lequel la plus grande révolution dans toute l'histoire des sociétés occidentales aura été, au cours du XXe siècle, l'accession des

1. Nathalie Heinich, *États de femme, l'identité féminine dans la fiction occidentale*, Gallimard, 1996.

femmes à une identité qui leur soit propre, sans plus être celle de leur père ou de leur mari. Elle rappelle qu'auparavant une femme était au choix l'épouse, la mère, la maîtresse ou la gouvernante, et que, maintenant, elle peut être tout cela à la fois ! Pour autant, la sexualité des femmes, leur liberté, la ménopause, la puissance au féminin, restent des sujets assez tabous où les chausse-trappes sont nombreuses. Par exemple, certaines études montrent bien que le pouvoir des femmes dérange, que ce soit de manière consciente ou inconsciente.

C'est ce que montre, par exemple, le cas Heidi Roizen, aujourd'hui enseigné aux étudiants de la Harvard Business School. Cette femme, une entrepreneuse de la Silicon Valley, en Californie, rédige en 2002 un rapport pour étayer sa candidature à un poste de capital-risqueur. Ce document est présenté à l'Université Columbia, à New York, à des étudiants divisés en deux groupes. Les uns savent que l'auteure est Heidi, les autres croient qu'il s'agit d'un certain Howard. On leur demande d'évaluer le rapport. Qu'il s'agisse du groupe Heidi ou du groupe Howard, le travail est jugé tout aussi excellent. On leur demande ensuite s'ils aimeraient côtoyer Heidi ou Howard à la lumière de ce qu'ils ont lu. Leurs propos sont saisissants : là où Howard est perçu comme quelqu'un d'agréable avec qui ils pourraient partager des loisirs, Heidi est jugée brillante mais un peu arriviste et froide… Ce qui montre que, si nous sommes capables de juger objectivement le travail d'un homme ou d'une femme, il est encore difficile d'admettre que les femmes puissent être à la fois puissantes, compétentes et sympathiques. Cela ne peut que m'évoquer une fois de plus l'archétype de la sorcière : parce que puissante, elle était perçue comme dangereuse. Or non, justement, ce n'est pas le cas. Libre de son ressenti, elle peut être sympathique ou pas, là n'est pas la question. Mais dans tous les cas, ce n'est pas son pouvoir qui lui confère une telle spécificité. Et notre propre ambivalence à ce sujet est à souligner : nous avons toutes intégré avec application et conviction de tels préjugés. Nous souffrons toutes du syndrome de Stockholm[1]. Notre propre pouvoir et celui des autres femmes peuvent (parfois) nous inquiéter, car nous restons persuadées qu'il pourrait être incompatible avec la paix familiale, sociale ou encore au sein de notre couple. Il est clair qu'il n'est pas si simple de questionner des millénaires de croyances et d'inégalités. À chacun (et chacune) d'entre nous de le faire, pas à pas, chaque jour, dans le respect de nous-mêmes mais aussi des autres, féminins et masculins, si semblables et si différents.

1. Ce phénomène a été observé chez des otages ayant vécu durant une période prolongée avec leurs geôliers. Ils ont fini par adhérer aux thèses de ceux-ci, selon des mécanismes complexes d'empathie, d'identification et de survie.

DEUXIÈME PARTIE

AU CŒUR
DE SES VALEURS

Chapitre 3

En toute liberté

« Plus nous tisserons des liens profonds, authentiques et vrais, plus nous deviendrons libres. »

Valérie Colin-Simard[1]

Il en faut du temps pour bousculer nos systèmes de croyances, il en faut même déjà pour accepter qu'ils soient simplement questionnés, c'est dire… Or, comme nous venons de le voir, nous sommes issu(e)s d'un monde (pas si lointain historiquement et géographiquement) où les femmes appartiennent aux hommes et ne peuvent avoir, comme eux, le libre usage de leur corps, en particulier de leur sexualité, ni même de leur esprit. Certaines d'entre elles ont refusé cela, par choix ou en fonction des circonstances. Les sorcières en font

1. Valérie Colin-Simard, *Quand les femmes s'éveilleront…*, Albin Michel, 2008.

(probablement) partie, parce qu'elles ont aussi, à leur manière, écrit son nom : liberté.

Lorsqu'on évoque les sorcières, il est important de se méfier de l'image d'Épinal que ce mot peut véhiculer. Nous savons trop peu de choses pour pouvoir être péremptoires sur le sujet. Il n'empêche, il est clair qu'un pouvoir en place n'aurait pas cherché à éradiquer des personnes conformistes, ne présentant pas le germe d'un éventuel danger. Les hommes ont cherché à faire plier celles qui dérangeaient en tant que femmes, cela ne fait aucun doute, mais très probablement surtout en tant que femmes libres. L'historienne Alison Rowlands, professeure d'histoire européenne et spécialiste de la chasse aux sorcières, a contesté certaines interprétations féministes de l'histoire des sorcières au bénéfice d'un activisme politique féministe, comme ont pu le faire certaines Américaines dans la lignée de Starhawk, certaines Italiennes et certaines Françaises. Elle rappelle néanmoins que « les femmes qui étaient accusées étaient bien celles qui remettaient en cause la vision patriarcale de la femme idéale[1] ». Une femme ne devrait pas contester l'ordre établi. Elle doit se taire.

Lorsque je repense aux sorcières-sourcières que j'ai l'occasion de côtoyer, c'est avant tout leur liberté qui m'interpelle, leur capacité à vivre la vie qu'elles se sont choisie, en acceptant si nécessaire d'en payer le prix (solitude, éloignement, perte de certains liens sociaux voire familiaux). Elles font le choix de ne ressembler

---

1. « Witchcraft and Gender in Early Modern Europe », dans Brian P. Levack, *The Oxford Handbook of Witchcraft in Early Modern Europe and Colonial America*, 2013.

à personne d'autre, façonnent leur destin et s'inventent elles-mêmes, se réalisent, s'engagent avec l'ambition de trouver et suivre leur propre voie, de créer ce que sera demain… Elles avancent. Sans se préoccuper du reste et surtout de ce que l'on peut bien en penser. Libres. Refusant autant que possible la fatalité, les contraintes, les figures de style imposées, les situations de dépendance et d'objectisation[1], ces femmes misent sur l'autonomie, et même la solitude s'il s'agit de la seule solution permettant de garantir cette liberté.

Une conquête collective

La politiste Sophie Heine[2] souligne sans ambiguïté qu'une société juste est celle qui garantit la liberté à l'ensemble des individus qui la composent. Cette liberté est évidemment conditionnée à la satisfaction de besoins matériels essentiels (un revenu et un emploi décents, l'accès à des services publics de qualité, etc.), mais il y a plus selon elle : elle nécessite un état de « non-domination ». Ce qui implique que la personne ne peut être contrainte par les décisions d'un autre (que ce soit physiquement, moralement ou psychologiquement). Ce qui est loin d'être le cas puisque, depuis toujours, les hommes se sont arrogé le droit et le pouvoir de réguler

1. Les représentations sexistes dominantes renforcent le rôle « fonctionnel » d'objet que les femmes occupent souvent dans la société.

2. Dans son essai *Genre ou liberté. Vers une féminité repensée*, éd. Academia, 2015.

la vie des femmes, de conditionner, de restreindre, voire de nier cette liberté. Une telle manière d'agir constitue un véritable acte de violence, réelle ou symbolique, voire parfois physique, générant une inégalité constante et permanente entre les sexes. Par exemple, les débats sur les habits que portent certaines femmes, la tolérance pour les propos sexistes (y compris dans les institutions de représentation les plus importantes), la perpétuation des stéréotypes sur la « nature féminine » ou encore la mise sous tutelle (implicite ou explicite, morale ou sociale) de la sexualité féminine poursuivent un même objectif : restreindre la liberté des femmes, interférer de manière autoritaire dans leur choix de vie et perpétuer cette domination masculine. Et même lorsque les lois garantissent une liberté de fait, les inconscients ne s'affranchissent pas si aisément de la logique patriarcale qui a régi nos sociétés des siècles durant.

Une conquête individuelle

Comment ne pas s'y résigner ? Je pense que c'est en prenant chacune notre part de responsabilité. Si le collectif nous influence, nous pouvons aussi agir sur lui, le transformer. Toute l'histoire des femmes est jalonnée des histoires de celles, seules avec elles-mêmes, qui ont osé bousculer l'ordre établi : première femme médecin, première femme aviatrice, première femme astronaute… Elles n'ont pas attendu qu'on leur donne l'autorisation. Elles ont essayé, pour parfois échouer, pour d'autres fois finalement y arriver.

La liberté, qu'est-ce que c'est sinon agir selon son cœur, selon ce que l'on croit juste, selon notre désir, sans se laisser imposer notre comportement par l'extérieur. En n'ayant plus peur. C'est être qui l'on est et faire ce que l'on a à faire, sans se laisser intimider. Le temps de la chasse aux sorcières est terminé – du moins, je l'espère. En Occident, malgré l'immense chemin qu'il reste à parcourir, les structures sociales ont évolué. Faire l'expérience et voir ce qui se passe. Sans provocation. En responsabilité. C'est la peur qui nous a si longtemps maintenues sous tutelle, celle de ne pas oser demander, de déborder, de ne pas assumer ses désirs ni sa volonté. Il est plus que temps d'oublier les injonctions (celles des autres mais aussi les siennes que l'on a si bien intégrées) afin d'écouter ce qui nous fait vraiment vibrer. De quoi ai-je envie, qu'est-ce qui est juste pour moi, pouvons-nous encore répéter tel un mantra. Si on ne le fait pas, personne ne le fera. Il s'agit d'être au monde d'une manière qui fait sens pour soi (et même si c'est uniquement pour soi), en assumant les conséquences de ses actes avec sérénité. J'en suis convaincue, en m'appuyant sur mon expérience ou sur celles de mes patients, la liberté, c'est paradoxalement d'accepter de ne pas savoir ce qui va se passer. C'est reprendre le chemin des écoliers tout en se laissant initier par la vie. C'est davantage se fier à sa boussole intérieure plutôt qu'aux avis des autres, car eux réagissent avec leurs peurs, leur histoire, leurs conditionnements, leurs envies et leur jalousie aussi, ce que l'on appelle en psychologie « leurs projections ». Ils ne savent finalement pas grand-chose en ce qui nous concerne. Non, seul chacun sait pour soi. Je ne dis pas que c'est confortable, mais en tout cas, cela a le mérite d'être clair et d'assainir considérablement les relations. Il faut du courage pour être libre, mais nul doute que, dans la plupart des cas, les femmes n'en manquent pas ! Le courage d'être soi, de ne pas se couler dans le moule, d'assumer sa différence, d'oser avancer sur un chemin si peu fréquenté soit-il, le sien. La liberté est un apprentissage. Comme tout le reste. Mieux vaut donc l'expérimenter progressivement. Normalement, les parents sont là pour cela : être suffisamment soutenants pour aider l'enfant dans son élan. Et être à une juste distance pour qu'il choisisse sa propre voie d'expression sans crainte des réprobations et des jugements.

Le pouvoir du dedans

Il n'est donc pas si simple de définir la notion de liberté, en tout cas de manière positive. Oui, la liberté est une absence de contraintes souvent imposées par des tiers. Mais pas seulement. Elle est un ressenti, une confiance, de l'ordre de ceux que l'on peut avoir en son propre pouvoir, celui que Starhawk nomme le « pouvoir du dedans » et qu'elle distingue du « pouvoir sur ». C'est en faisant appel à ce pouvoir intérieur, le nôtre, en l'utilisant pour nous transformer, pour transformer notre communauté et notre culture que nous nous sentons libres et puissantes comme jamais. Ce pouvoir n'a rien à voir avec la domination, l'exploitation. Il s'agit d'un pouvoir qui palpite en nous, le même que celui que l'on devine dans une graine, chez un petit enfant ; il s'agit d'une présence, une puissance que nous éprouvons lorsque nous faisons quelque chose que nous aimons – écrire, enlacer, accompagner, créer, choisir. Il ne veut rien anéantir. Il parle de naissance, d'engagement, de construction. Il est à entendre au sens premier du terme, qui vient du latin *posse*, « être capable ». Nous le portons en nous, même lorsque nous ne le savons pas, nous en sommes les initiateurs, les initiatrices. Nous n'attendons plus qu'on nous donne un accord extérieur, nous ne sommes plus des enfants en quête d'approbation, d'autorisation, plus des victimes d'une histoire qui n'est pas la nôtre. Nous plongeons au cœur du monde, nous savons que nous faisons partie d'un tout, vivant, dynamique, interdépendant et interactif. Ce pouvoir intérieur n'est pas quelque chose que nous avons mais quelque chose que nous pouvons faire. Il est difficile de penser ainsi, car le monde dans lequel nous vivons aujourd'hui est basé sur le contraire, sur l'autorité que détiennent certains individus et qui leur permet de contrôler les autres et de leur dire ce qu'ils doivent faire. Il ne s'agit pas non plus d'une révolution totale dans notre mode de perception : l'histoire est en marche. Les nombreuses techniques d'intelligence collective, les nouvelles organisations de société comme l'holacratie[1] sont basées sur ce même principe : l'apport et l'engagement de tous et de toutes est valable et fécond, tous ces apports réunis

1. Ce système d'organisation de la gouvernance est fondé sur la mise en œuvre formalisée de l'intelligence collective.

permettant de construire une nouvelle manière d'être et d'agir ensemble, de s'émanciper de nombre de faux-semblants, de croyances erronées, de l'aliénation de ces images initiées par la société de consommation, ces « belles images » que nous proposent les magazines et la publicité que Simone de Beauvoir, déjà, avait pointés du doigt[1], de plonger en soi-même. Je le vois, je le vis comme une immersion. Pas à pas. En m'affranchissant du résultat. Je perçois bien avec mes patients combien il est difficile de renoncer à être cette fille ou ce fils parfait, ce mari ou cette femme idéale, pour devenir soi-même, en cohérence avec ses émotions, ses ressentis puis ses choix. Autant de moyens que nous possédons pour déterminer avec le plus de justesse et de fidélité ce qui est bon pour nous.

Au-delà de nos émotions

Tristesse, colère, joie, peur… Nos émotions constituent autant d'indicateurs de notre bien-être ou de notre mal-être, de ce qui est juste pour nous – et nous seulement – et de ce qui ne l'est pas. Si les scientifiques ont longtemps sous-estimé et dévalorisé les émotions par rapport au raisonnement logique, c'est parce qu'elles naissent au plus profond de notre cerveau archaïque reptilien, avant d'être relayées par le néocortex, notre cerveau pensant. Depuis, ils ont découvert que la raison

1. Son roman *Les Belles Images*, publié en 1966, souligne la puissance et l'impact des stéréotypes féminins sur la vie des femmes.

n'existe pas à l'état pur mais se nourrit des émotions. Le neurologue américain Antonio Damasio[1] a ainsi démontré que connaître sans ressentir ne sert à rien, qu'un humain souffrant de « frigidité émotionnelle » est incapable de tirer les leçons de ses erreurs. Les réactions émotionnelles sont des repères. Elles nous aident à savoir où nous en sommes par rapport aux autres, mais aussi et surtout par rapport à nous-mêmes. Lorsqu'une situation ne nous convient pas, nous contraint, nous finissons par ressentir une gêne, une incohérence, un signal d'alarme intérieur, d'abord émotionnel. On peut l'écouter ou le faire taire (en utilisant des moyens extérieurs comme du tabac, des stimulants, de l'alcool, du café ou des divertissements en excès). Si on ne les écoute pas, si on ne s'y fie pas pour poser des changements, des nouveaux choix pour notre vie, il est possible que notre corps exprime ensuite son désaccord en passant par d'autres moyens comme parfois la maladie… Mais si l'on choisit de s'y fier, il importe de ne pas s'arrêter aux messages qu'elles expriment. Les émotions ne sont pas des fins en soi. Agréables ou désagréables, elles sont aussi des invitations à l'action. Cette notion de liberté nous invite peut-être à redéfinir notre positionnement par rapport à nos émotions, afin de cesser d'être le jouet de celles-ci tel un petit bateau sur l'eau qui subirait les aléas du courant sans pouvoir rien maîtriser.

Étymologiquement, le mot *émotion* vient du latin *ex-movere,* « aller vers », « être dans le mouvement ».

---

1. Antonio Damasio, *L'Erreur de Descartes ou la raison des émotions*, Odile Jacob, 1995.

Il s'agit d'un processus biologique, naturel, inscrit dans notre corps. On ressent souvent un sentiment d'impuissance, d'absence de liberté face à nos émotions : l'explication est peut-être que l'on cherche souvent à les contrôler au lieu de simplement les accepter, de les ressentir, de les regarder passer sans s'y attacher. Or, leur fonction même est probablement de nous proposer un mouvement vers la vie, une libération face à une dualité, celle qui nous fait juger les événements de notre vie comme positifs ou négatifs au lieu de les accepter sans bavardage intérieur, ni sous-titres, de renoncer au « c'est bien » ou « c'est mal » pour aller vers le « c'est ainsi », en choisissant de faire confiance à la vie et à notre capacité de transformer les choses qui ne nous conviennent pas. On peut assimiler une émotion à une vague : si la vague est laissée libre, elle s'exprime puis s'apaise. Mieux vaut donc ne pas subir les émotions, ni les nier, mais les reconnaître, les laisser nourrir le flux de vie en nous sans s'y attacher. Notre époque leur donne beaucoup de valeur : nous vivons dans des excès émotionnels permanents, qu'il s'agisse de ceux proposés par les informations télévisées, le cinéma, les romans à succès. Or, si la reconnaissance de ce que l'on ressent, en particulier au niveau émotionnel, est un préalable nécessaire, il s'agit de ne pas s'y arrêter, ni d'en faire la finalité de notre réalité, de ne pas s'identifier aux émotions mais bien de chercher à les maîtriser et dépasser cette manière de voir afin d'avancer sur son chemin de vie vers davantage de sagesse et d'harmonie. Par exemple, chacun de nous peut se dire à l'intérieur de lui-même : « Je peux prendre acte que je suis en colère mais je ne suis pas ma colère. En revanche, celle-ci est un indicateur qui souligne éventuellement que je dois davantage me protéger ou que je dois demander quelque chose à quelqu'un afin que je me sente mieux respectée. » Nos émotions, nos sentiments peuvent être vus comme des indicateurs de notre réalité, des porteurs de notre pouvoir nous indiquant dans quelle direction nous devons regarder. Une telle maîtrise des émotions suppose quelques préalables, et non des moindres puisqu'il s'agit de prendre à 100 % la responsabilité de sa vie, de renoncer à avoir du pouvoir sur quiconque et de renoncer à donner du pouvoir à quiconque, pour vivre sa vie en autonomie. Selon moi, c'est sûrement ici que commence la vraie liberté. Dans l'action.

Chapitre 4

Le retour au corps

« Cela passe par la célébration de notre sexe, de notre utérus comme de nos seins constamment dégradés, déréalisés ou encore transformés en objet de honte, mais aussi par l'apprentissage d'une langue pour les dire. »

Émilie Hache[1]

Être une femme, qu'est-ce que c'est ? S'il est difficile de définir la notion de liberté sans évoquer les privations ou les limites qui peuvent l'impacter, il est également complexe de parler du féminin sans évoquer le masculin. Dans le monde de mes parents, le féminin s'est en effet longtemps défini par rapport à ce masculin tout-puissant. J'avais lu Simone de Beauvoir, j'avais lu Benoîte Groult. Et je les ai adorées. J'ai glorifié Simone Veil. Mais cela ne me suffisait pas. Dans ce

1. « Where the future is », préface du livre de Starhawk *Rêver l'obscur. Femmes, magie et politique*, éd. Cambourakis, 2015.

monde-là, féminin et féminisme s'apparentaient à un combat, justifié sans aucun doute, mais quelque chose de l'essence de la féminité me manquait.

Au cœur du féminin

C'est avec l'ancienne gynécologue et spécialiste de médecine chinoise Danièle Flaumenbaum que je l'ai réellement trouvé. La lecture de son livre[1] m'avait déjà percutée, nourrie, enthousiasmée, soulignant à quel point, malgré tout le travail et la réflexion que nous pouvions avoir sur notre féminité, nous étions aussi les dépositaires de l'histoire et des blessures des femmes de notre lignée. Et qu'il fallait alors aussi se pencher, s'interroger sur les destinées des femmes de notre famille pour nous en libérer. Puis j'ai participé durant deux années aux ateliers de femmes qu'elle proposait. Deux années de cheminement à dire les mots de la femme, ses organes, ses blessures, ses peurs, ses désirs, ses fantasmes. Deux années aussi à prendre conscience de la difficulté justement à dire ces mots, à parler de mes limites, de mes propres censures. Deux très belles années de partage sans tabou. J'y ai vraiment pris conscience de la différence entre le discours public d'une soi-disant libération (en particulier sexuelle, mais pas seulement) et de la réalité, de la difficulté à être une femme, dans l'acceptation de toutes ses dimensions, dans sa présence au monde qui se cherche, dans son corps

1. Danièle Flaumenbaum, *Femme désirée, femme désirante*, Payot, 2006.

forcément imparfait (c'est-à-dire non conforme à des canons irréels propagés à tous les niveaux sociaux), avec ses menstruations, avec ses humeurs, avec tout ce que la société fait peser sur elle, à la fois comme exigences et comme maltraitance. Investir sa féminité de manière positive reste une gageure. Quelle famille peut réellement affirmer transmettre à ses enfants, et à ses filles en particulier, la magie et la force du féminin dans toutes ses dimensions ? L'ai-je moi-même fait de mon côté ? Je suis loin d'en être certaine.

Avant même d'être sexuelle, une femme est… une femme. Avec un corps de femme. Un clitoris, un hymen, un vagin. Un utérus, des trompes, des ovaires. Un petit bassin, des hanches, un périnée. Et des seins. D'où vient ce ressenti de transgression rien qu'en écrivant ces noms ? Avec Danièle Flaumenbaum, nous passions du temps à regarder des planches d'anatomie afin de mieux nous connaître, afin de cesser de taire ces mots (et ces maux) qui sont les nôtres et qui, par le silence dont nous les entourons, complices, contribue à perpétuer un tabou, comme une sensation de déshonneur, encore, à être une femme. Et rien ne va plus concentrer un tel tabou que les règles, ce sang des règles.

Le sang des règles

Rien que les différents noms dont on les affuble montre bien à quel point nous avons encore du mal à trouver les mots pour les dire : les ragnagnas (c'est consternant, une telle expression, non ?), les lunes (nettement plus joli, quand même), les coquelicots, les glouches, les menstrues ou bien tout simplement « ça ». On va dire aussi « je les ai », « je suis indisposée », « les Anglais ont débarqué » (en référence à l'uniforme rouge des Anglais durant les guerres napoléoniennes ; dans d'autres pays, on dit « les Russes sont arrivés » par référence à l'armée Rouge, tandis que les Anglais disent « *to be on the rag* », que l'on peut traduire par « être sur son torchon », et au Japon, paraît-il, « avoir le melon qui se fend » !), « je suis en alerte rouge » ou « en zone rouge », « j'ai mes ours »... Autant d'expressions qui tournent autour en refusant de faire face à la réalité de la situation en disant tout simplement « j'ai mes règles ». De nombreuses croyances culturelles les ont d'ailleurs liées à l'impureté, la honte, quelque chose de sale, qui sent mauvais et que l'on devrait masquer par tous les moyens. Des coutumes, des religions ont largement renforcé de telles idées. Pas toutes heureusement, et certaines traditions amérindiennes soulignent au contraire que, durant cette période, les femmes sont au faîte de leur pouvoir et doivent donc être honorées. Le temps des lunes y est considéré comme le moment le plus féminin, le plus réceptif, où chacune doit rester paisible dans un espace à part, la *Moon Lodge*, afin de lâcher les choses extérieures, d'aller à l'intérieur de soi pour recevoir visions, rêves et autres intuitions, l'idéal étant d'ailleurs d'harmoniser le temps des règles avec le cycle de la lune de même durée. En effet, de tout temps, les hommes (et les femmes) ont fait un parallèle entre le cycle de la lune et celui de la femme : les Sumériens (puis les Babyloniens) vénéraient ainsi la déesse Inanna (qui deviendra Ishtar) en ritualisant son cycle lunaire par la célébration, chaque mois, d'un sabbat qui représentait le temps où elle saignait. En Inde, il existe des temples où l'on célèbre des rituels en l'honneur des lunaisons de la Déesse. Le mot sanscrit *ritu* signifiant « règles » est d'ailleurs devenu la racine de notre mot *rituel*…

C'est loin d'être le cas partout, et les règles restent souvent associées à une sensation de honte et de saleté que l'on doit cacher, à l'homme en particulier. Il n'y a qu'à regarder les publicités pour les tampons hygiéniques pour s'en rendre compte. Elles semblent nous dire : « Mais non, il ne se passe rien, vous pouvez vivre votre vie comme si tout était normal. » Mais c'est faux : il se passe quelque chose ; du sang s'écoule depuis notre centre, entre nos jambes…

Je me souviens d'une discussion avec une amie avec qui nous évoquions les coupes menstruelles, les *moon cups*, qui se calent dans le vagin et permettent de recueillir ce sang menstruel (elles remplacent les tampons et les serviettes hygiéniques) et elle m'expliquait combien elle avait été surprise de constater que ses pertes de sang variaient selon les mois, en couleur, en odeur, en quantité… Elle ressentait une forme de reconnexion à elle-même depuis qu'elle avait changé de manière de vivre cette période de son cycle vers davantage de conscience.

Un sentiment étrange dès les premières règles

La sociologue Aurélia Mardon, dans son article « Honte et dégoût dans la fabrication du féminin[1] », souligne à quel point, dès les premières règles, tout un ensemble de stratégies de dissimulation est mis en place afin de masquer ce qui est. Si les jeunes filles semblent aujourd'hui correctement informées des transformations physiologiques qui les attendent au moment de la puberté et ont cessé de croire, comme nos mères, qu'elles sont à l'article de la mort parce qu'elles trouvent un jour du sang dans leur culotte, elles restent néanmoins toujours victimes d'un double discours qui cherche à les honorer dans le fait d'être devenues une femme, tout en considérant ce sang comme un déchet, voire une souillure naturelle, qu'il convient de faire disparaître aussi vite que possible. Certaines recherches[2] continuent d'ailleurs de souligner que cette première fois constitue une expérience angoissante pour la majorité des jeunes filles, qui les pousse à accorder plus d'importance à leur corps sexué. Les jeunes filles y voient un signe marquant la fin de l'enfance et participant à la définition de leur identité de femme, alors que cet événement agit aussi sur le regard que les parents portent sur les filles et les pousse

1. Aurélia Mardon, « Anatomie du dégoût », *Ethnologie française*, vol. 41, 2011/1.

2. Janet Lee, « Menarche and the (hetero) sexualisation of the female body », *Gender and Society*, 8, 3, 1994.

à modifier leurs pratiques éducatives. Il y a moins de non-dits, c'est certain et c'est tant mieux, mais ce sang reste perçu sous un angle négatif : il ne doit laisser ni taches ni odeurs, ce qui est présenté comme une évidence – une de plus – sous prétexte de savoir-vivre ou de respect vis-à-vis d'autrui. Tout en précisant que les règles ne sont pas « sales », la littérature éducative engage les mères à inviter les jeunes filles à redoubler d'attention concernant leur hygiène pendant la période menstruelle, en insistant de manière importante sur les problèmes de risque de taches ou de mauvaises odeurs que cela peut générer. Toute femme se souvient probablement du sentiment de honte qu'elle a pu avoir lorsqu'un jour du sang de ses règles a taché un habit ou un drap. Les récits d'adolescentes et de femmes recueillis par Aurélia Mardon soulignent à quel point chacune a intériorisé le fait qu'il s'agissait d'une source d'embarras pour nous, mais qu'il fallait aussi peut-être et surtout prévenir l'embarras que cela risquait de susciter chez les autres, les hommes en particulier. Dans sa conclusion, la sociologue nous pousse à nous interroger parallèlement sur le discours familial mais aussi scientifique réservé à une humeur corporelle masculine telle que le sperme au moment où les garçons entrent dans la puberté : elle parie alors que nous aurions affaire à un tout autre discours, et donc à une tout autre expérience pubertaire.

Un sang diabolisé

Les règles sont taboues parce que sanguines. Évocateur de blessure, de souffrance, ce sang perdu chaque mois inquiète depuis toujours. Longtemps, les religions l'ont diabolisé, imposant aux femmes des rites de purification. Dans l'Antiquité, la médecine assurait qu'il était venimeux. Jusqu'au milieu du XIXe siècle, la saignée était imposée à la femme enceinte : on pensait que si le sang de ses menstruations ne coulait plus, c'est qu'il servait à nourrir son embryon et risquait de l'intoxiquer… Aujourd'hui, le mythe de la femme impure se perpétue dans de nombreuses croyances populaires : selon les régions françaises, la femme, lors de ses règles, ne doit pas s'approcher des ruches (au risque de faire tourner le miel), mettre du vin en bouteilles (il deviendrait vinaigre), préparer une mayonnaise (elle ne prendrait pas) ou manipuler du sucre (il noircirait). Dans de nombreuses pratiques de magie, le sang des règles est également loin d'être anodin : considéré comme symbole de la femme, de sa quintessence, comme concentré véritable de son pouvoir, il participait de certains rituels, non plus comme un tabou, mais comme un moyen extrêmement puissant d'obtenir ce que l'on souhaitait – on pouvait le mêler à des potions pour rendre un homme fou amoureux ou l'utiliser pour délimiter un lieu que la femme souhaitait conserver sous son influence. Aujourd'hui encore, en Amérique du Nord, on demande aux femmes réglées de s'abstenir de participer aux huttes de sudation[1], non par volonté de les exclure, mais parce qu'elles seraient tellement puissantes lors de ce moment de leur cycle qu'elles pourraient interférer avec le rituel en cours. En outre, les peuples pratiquant ces rituels considèrent que les menstruations constituent une purification en soi et que les femmes durant cette période sont déjà suffisamment sensibles.

Douleurs et sautes d'humeur

En effet, l'image de la femme réglée est souvent associée à une forme d'hypersensibilité et de gêne passagère : « Chaque fois, la jeune fille retrouve le même dégoût devant cette odeur fade et croupie qui monte d'elle-même – odeur de marécage, de violettes fanées… », écrivait en 1949 Simone de Beauvoir dans *Le Deuxième Sexe*[2]. Plus d'un demi-siècle d'évolution de la médecine et de travail sur l'image de la femme plus tard, le regard sur ces « trucs de fille » n'a pas vraiment changé. On stresse, on s'énerve… et l'on se trahit : dès que l'on est agacée, il y a quelqu'un pour nous demander si nous avons nos règles. Un cliché qui contribue à asseoir la mauvaise réputation des menstruations mais qui n'est pas totalement faux : la chute de progestérone alors à l'œuvre agit sur l'humeur,

---

1. Ce rituel important de la tradition amérindienne se déroule dans une tente aménagée comme un sauna : il est destiné à se purifier et à ouvrir sa conscience.

2. Gallimard, 1999.

le désir sexuel, le gonflement du ventre, des seins, génère des douleurs dans le bas-ventre ou encore de l'acné. Si de tels symptômes ont lieu avant les règles, on parle de « syndrome prémenstruel » (SPM). Mais, même lorsqu'elles ne sont pas douloureuses, les règles peuvent être vécues comme pénibles ! Il faut être sur le qui-vive, avoir le nécessaire pour se protéger et se changer, et vérifier que ses dessous restent immaculés… sans oublier ces week-ends et vacances parfois gâchés ou les rendez-vous intimes qu'il faut décaler ! Je repense ainsi au sentiment de gêne qui m'avait étreinte alors que j'étais en voyage à Florence avec un amant et que mes règles s'étaient déclenchées le soir de notre arrivée. Comme si j'avais fait quelque chose de mal et, par ma faute, gâché quelque chose. Mon compagnon ne m'avait fait ni remarque ni reproche. Je ne me souviens pas qu'il ait exprimé la moindre déception ni rien. Non, c'est moi qui avais intériorisé ce sentiment de culpabilité. Depuis longtemps probablement. Car, selon les femmes – et leurs amants –, menstruations peut signifier abstinence : crainte de sa réaction à lui, de tout salir ou de jouer avec son sang… même si certaines femmes reconnaissent avoir plus de plaisir lorsqu'elles font l'amour lors de leurs règles. Le corps étant alors tout en sensibilité, le désir et le plaisir peuvent en être augmentés, sans oublier que le sang est un liquide chaud et lubrifiant… Cette hausse de la libido s'explique aussi par les bouleversements hormonaux ; fréquente, elle reste cependant variable d'une femme à l'autre. Les hommes, de leur côté, réagissent aussi de manière variable dans ce type de situation et n'ont alors pas toujours envie de faire l'amour avec une femme qui saigne. Peut-être parce que, inconsciemment, ce sang évoque pour eux la souffrance, notamment celle de la première pénétration, souvent accompagnée de sang chez la femme. Ou, pour d'autres, parce qu'ils trouvent cela sale et peu inspirant. Même si pour certains d'entre eux, ce n'est pas un problème, voire, au contraire, encore plus excitant...

Un synonyme de fertilité et de féminité

Toutes les femmes ne sont pourtant pas prêtes à renoncer à ce que certaines perçoivent comme leurs maux mensuels : les règles sont même devenues le symbole d'un groupe américain de féministes, les *bloodsisters* (« sœurs de sang »). Leur but est de « rompre avec le silence qui entoure le corps de la femme » et accepter ses règles comme on accepte ses formes. Est-ce bien raisonnable, néanmoins, de les revendiquer, tel un étendard de notre féminité ?

Au début des années 2000, le docteur Elsimar Coutinho s'interrogeait dans un livre qui fit les gros titres de la presse américaine, *Is Menstruation Obsolete ?*[1]. Alors que les anthropologues estiment que nous avons nos règles trois fois plus souvent que nos aïeules, ce médecin brésilien spécialiste de la contraception expliquait que, autrefois, la succession des grossesses et des périodes d'allaitement faisait qu'une

1. Elsimar Coutinho, *Is Menstruation Obsolete ?* (« Les règles sont-elles dépassées ? »), Oxford University Press, 1999.

femme pouvait n'être réglée qu'une centaine de fois au cours de sa vie. Aujourd'hui, où la puberté est plus précoce, où l'on peut faire l'amour sans procréer, une femme peut perdre du sang plus de quatre cents fois pendant son existence. Selon lui, l'ère de la menstruation incessante a remplacé celle de la reproduction incessante, alors que la nature n'a pas plus prévu cela que le contraire. Rappelons-nous, d'ailleurs, que le schéma de prise de la pilule contraceptive, avec arrêt pendant sept jours, a été conçu pour mimer le cycle naturel sans correspondre à une nécessité sanitaire. Dans ces conditions, pourquoi continuer à avoir ses règles ? De nombreux contraceptifs permettent de ne plus les avoir : pilules dont on enchaîne la prise, patchs hormonaux, implants... Pourtant, on estime que seulement 2 Françaises sur 10 ont choisi de ne plus avoir leurs règles, alors que 7 sur 10 savent que cette possibilité existe. C'est comme si ne plus avoir ses règles, symboliquement, reviendrait pour certaines à renoncer à une part de leur féminité ou comme s'il était pour elles plus naturel de saigner tous les mois. À chacune donc de voir ce qu'elle préfère, les conserver ou les oublier, et vivre, chacune à sa manière, une autre forme de liberté au cœur de sa féminité.

L'accouchement, un autre tabou ?

On aurait pu croire que le temps de l'accouchement, celui-là même où la femme joue parfaitement le rôle que la société lui a assigné, serait celui de la célébration et de la gratification. L'histoire nous montre que ce n'est pas si simple. Et la question de la violence durant la mise au monde de l'enfant, récemment remise en avant, est loin d'être anodine. Car si pendant longtemps c'étaient des femmes, les matrones, qui accompagnaient d'autres femmes lors de cet épisode essentiel de leur existence, la chasse aux sorcières a changé la donne. Durant cette période, la faible démographie pousse les autorités à surveiller plus drastiquement les naissances : l'infanticide ou la naissance d'enfants mort-nés sont criminalisés, car l'on soupçonne les femmes de s'être débarrassées volontairement de leurs enfants[1]. Les matrones finissent par déserter les lieux d'accouchement (par crainte d'être jugées coupables de tels faits), les médecins prenant alors progressivement leur place dans un nouveau secteur qui aura en plus le mérite d'être très bien payé. À partir du XVIIe siècle, les chirurgiens aident les femmes lors des accouchements difficiles, imposant aux parturientes la position qui leur semble la plus confortable… pour eux[2]. Les commères, les autres femmes d'habitude présentes pour soutenir la future maman, sont de plus en plus exclues de la périphérie de l'accouchée, les privant ainsi du sentiment de sécurité généré par cette solidarité féminine.

---

1. L'infanticide a constitué pendant longtemps un moyen de régulation des naissances presque « comme un autre ».

2. « La position allongée sur le dos devient alors la seule convenable, aux yeux notamment de l'Église qui voit dans les autres positions un comportement bestial et indécent. » Extrait de *L'accouchement est politique*, de Laëtitia Négrié et Béatrice Cascales, éd. L'Instant présent, 2016.

De nombreux instruments apparaissent – forceps, leviers – dont l'usage a réellement sauvé la vie de femmes en couche, mais qui marquent néanmoins un nouveau tournant dans la médicalisation de l'accouchement. Dans les campagnes, c'est différent : malgré la présence des chirurgiens, les matrones restent majoritairement présentes. Le pouvoir royal décide donc de les former. L'on voit ainsi apparaître, au milieu du XVIIIe siècle, la profession de sage-femme. Mais leur champ de compétence n'aura de cesse d'être limité : à partir de 1882, le corps de médecins accoucheurs étant créé, les sages-femmes n'ont plus le droit d'utiliser les forceps ; la profession est mise sous tutelle masculine. Aujourd'hui, la profession de sage-femme reste sous l'emprise du corps médical, même si son exercice en libéral peut permettre de s'en dégager. Par ailleurs, depuis les années 2000, la profession de doula[1] a timidement émergé, dans le but de favoriser la transmission entre femmes autour des questions de la grossesse et de l'accouchement, à l'exclusion de toute pratique médicale et thérapeutique. Ces femmes n'ont pas manqué de faire l'objet de pressions et de propos diffamants…

Pour autant, le moment même de l'accouchement reste aujourd'hui un point obscur de la recherche psychologique et sociologique, en particulier française : ce qui est infligé au corps des femmes à ce moment

1. Ce mot sert à nommer une femme qui aide une autre femme et son entourage pendant la grossesse, l'accouchement et la période postnatale, grâce à sa formation et son expérience (www.doulas.info).

est largement passé sous silence. Et l'épisiotomie de routine, nommée par certaines féministes « la blessure la plus cruelle de toutes », reste un acte de violence justifiant la nécessité d'un débat. Cette incision partielle du périnée, pratiquée lors d'un accouchement, est censée faciliter l'expulsion du bébé et prévenir la survenue de déchirures périnéales. Lors de cette intervention, l'obstétricien procède le plus souvent à une anesthésie locale et referme l'incision à l'aide de points de suture. Les défenseurs de cette pratique préventive certifient qu'il est préférable de couper le périnée et de le recoudre de manière maîtrisée plutôt que de risquer des déchirures incontrôlées. Ses détracteurs, de plus en plus nombreux, affirment que cette « routine » ne diminue pas les possibilités de déchirures graves et ne fait qu'entraîner des complications (pertes importantes de sang, infections...). En 2005, le Collège national des gynécologues et obstétriciens français (CNGOF) confirmait l'absence de bénéfices de cette pratique[1].

Un tel geste renvoie pourtant à de nombreuses significations : légitimer celui qui coupe en tant qu'acteur de la naissance. Comme si, inconsciemment, il n'était pas croyable que le sexe de la femme puisse s'ouvrir autant sans une intervention extérieure. Dans le même ordre d'idée, le point du mari[2] renvoie à la croyance

1. Selon les statistiques délivrées en 2013 par le Collectif interassociatif autour de la naissance (CIANE), l'autorisation pour l'épisiotomie ne serait demandée aux femmes que dans 15 % des cas et son taux d'usage se situerait autour de 30 %, sur la période 2010-2013.

2. « Techniquement, il consiste, lors de la suture d'un périnée déchiré, ou d'une épisiotomie, à faire un dernier point supplémentaire pour resserrer l'entrée du vagin, et permettre, lors de

que le sexe féminin ne peut pas retrouver, sans une aide technique au resserrement, sa tonicité et sa réceptivité. La sémiologue Stéphanie Saint-Amant parle, elle, de rituel initiatique venant marquer dans la chair de la femme le passage de l'état de fille à l'état de femme ou mère[1]. L'épisiotomie peut également être perçue comme une restriction de la sexualité féminine : la femme ainsi coupée restera sage… L'anthropologue italienne Paola Tabet[2] souligne, de son côté, comment l'usage de nouveaux rites (médicaux) refabrique le corps reproducteur féminin. On remplace les hormones qu'il sécrète spontanément par des hormones de synthèse pour réduire la durée de l'accouchement. On entrave le processus physiologique de l'expulsion de l'enfant (en allongeant les femmes en travail, par exemple) pour le remplacer par une expulsion artificielle menée par des poussées dirigées, l'usage de forceps ou de ventouse, voire la pratique de l'épisiotomie et parfois même le recours à la césarienne. C'est comme si toutes les fonctions physiologiques opérantes pour accoucher étaient neutralisées et recréées artificiellement, privant ainsi les femmes mères de leur statut de sujet, les contraignant à devenir passives et dépendantes du corps médical.

---

l'intromission de Monsieur, un plaisir accentué. Pour lui. » (http://www.isabelle-alonso.com/le-point-du-mari/)

1. « Déconstruire l'accouchement : épistémologie de la naissance, entre expérience féminine, phénomène biologique et praxis technomédicale », Thèse de doctorat en sémiologie, Frelighburg (Québec), Canada, 2013.

2. Paola Tabet, « Fertilité naturelle, reproduction forcée », *La Construction sociale de l'inégalité des sexes, des outils et des corps*, L'Harmattan, 1998.

Le progrès médical peut sauver des vies et aider à la procréation. Il existe pourtant des alternatives à ses excès : un accouchement respecté est envisageable, non seulement dans le respect de la physiologie mais aussi du choix de chaque femme. L'accouchement à domicile peut constituer une alternative, même si elle est loin d'être la seule. Mais il n'a de cesse d'être diabolisé en France, les sages-femmes qui le pratiquent aujourd'hui subissant de nombreuses pressions (en particulier, des frais d'assurance exorbitants). Tout comme les femmes qui le choisissent. Dans les pays de tradition catholique, le contrôle sur la femme est très resserré, contrairement à l'Angleterre et aux Pays-Bas, protestants, où le choix de l'individu prime. On estime chez nous que le patient n'est pas capable de juger de ce qui est bon pour lui. Heureusement, après des années de débat, la France expérimente actuellement les maisons de naissance, dépendantes des hôpitaux mais prônant des accouchements naturels, lesquelles pourront constituer une alternative pour les femmes en travail.

La fin du flux

Ces expériences de la fécondité – règles et enfantement – ont beau être vécues dans une réelle ambivalence, l'arrêt des règles n'est pas valorisé pour autant, ni vraiment vécu comme un soulagement. Il est clair qu'au sein d'un monde surinvestissant la forme (dans tous les sens du terme) et la jeunesse, le déni de vieillesse constitue une sorte de pathologie collective.

Il y a quelque temps, devant faire un article pour un journal de santé, j'avais cherché des femmes acceptant de témoigner à visage découvert sur le fait qu'elles étaient ménopausées. Quelle difficulté ! Le paradoxe était qu'à cette époque je l'étais moi-même depuis peu, mais ma chef de service avait refusé que je puisse partager mon expérience. Je crois que j'en avais été soulagée... La femme et la mère semblent avoir été si longtemps confondues en nous (et autour de nous) que c'est comme si nous avions en partie intériorisé le fait que la fin de notre fécondité risque de nous rendre moins séduisantes, moins désirables, moins quelque chose en tout cas... Faire face à la réalité du cycle de nos vies n'est pas si simple. Cela demande un vrai courage. Paradoxalement, le fait que les quinquagénaires d'aujourd'hui n'aient plus grand-chose à voir avec celles d'hier (grâce aux soins portés au corps mais aussi au psychisme) fait que l'arrivée de la ménopause peut être vécue encore plus brutalement qu'autrefois, de manière inattendue. Une femme ménopausée est-elle une femme comme les autres ? Ou, pis, est-elle vraiment une femme ? En faisant d'elles des Sorcières en majuscule comme nous l'avons vu, les Anciens ont encore nourri ce fantasme que la ménopause risquait d'être un problème pour l'ordre familial et social. D'ailleurs, la question des bouffées de chaleur est particulièrement symptomatique : véritable métaphore de la ménopause, elles parlent de cette énergie de feu qui monte en nous. Comme une énergie sauvage et animale qui semble se libérer, une implosion dont on ne balise pas le territoire et qui nous met en face de changements à réaliser dans nos vies. Elles sont comme un volcan qui fait éclater nos frontières, un accélérateur potentiel de conscience. On mue comme le serpent, on brûle sa vieille peau et on se détache de ses peurs pour donner naissance à l'autre femme que l'on est (aussi) au fond de soi. On vit bien souvent cette période en solitaire, sans en parler, même à ses plus proches ami(e)s, comme s'il fallait apprivoiser cette femme vieillissante nous habitant de plus en plus, faire face symboliquement à notre propre mort, s'interroger sur le temps qui reste. Un tel face-à-face avec son ombre n'est-il pas un appel au détachement ? Il nous invite à laisser derrière tout ce qui n'est plus nécessaire pour renaître à notre propre pouvoir. C'est un temps où l'on peut vivre des deuils aussi, celui de ses parents, celui de son rôle de mère. Dans ce chant de tristesse, on peut demeurer confuse et partagée entre la crainte et la célébration, le découragement et la renaissance.

Dans certaines cultures ancestrales, en Afrique comme chez les Amérindiens, la ménopause était vue comme l'atteinte d'un haut niveau d'initiation, de sagesse et de pouvoir. Les femmes mûres étaient souveraines et avaient droit de regard sur toutes les décisions du collectif. Elles initiaient et éduquaient aussi les plus jeunes femmes au respect des grandes forces de la vie. Ce rôle d'influence s'appuyant sur des générations de sagesse féminine, nous pouvons le jouer encore aujourd'hui, en assumant, chacune à notre manière, que nous sommes un peu les vestales du monde.

Pour autant, ici aussi, une évolution semble en marche : les femmes, même si certaines abordent ce virage avec angoisse, semblent de plus en plus prêtes à sortir des clichés, des peurs et des représentations. La fin de la procréation n'est pas la fin de la vie, ni celle de la féminité. Au contraire, cette nouvelle maturité n'est-elle pas l'occasion de passer à autre chose et d'œuvrer à son propre épanouissement ? Le pouvoir érotique n'a rien à voir avec l'âge mais bien davantage avec l'intensité de notre lien avec l'existence : c'est à cela que nous ne devons pas renoncer, à notre gourmandise, à notre joie, à notre envie. Investir autrement sa féminité constitue l'engagement de toute une vie ponctuée par des étapes, de nouveaux chapitres. Certains peuvent inquiéter et c'est compréhensible. Oui, nous pouvons tous constater que certains hommes aux tempes grisonnantes vont préférer aller avec des femmes plus jeunes qu'eux. Libres à eux ! Nous connaissons aussi des situations inverses, et je trouve assez formidable qu'elles commencent à investir l'espace public, car j'étais de plus en plus témoin dans mon entourage de couples où c'était la femme qui était la plus âgée, sans que cela suscite le moindre remous. Dès lors que la question de la descendance est réglée, pour les hommes comme pour les femmes – le fait d'avoir des enfants comme une prolongation de notre vie reste une priorité biologique avant même d'être psychologique –, une ménopause bien vécue par une femme ne posera pas de problème à son compagnon. Le problème se pose avec davantage d'acuité lorsque l'un ou l'autre (ou les deux) n'a pas eu d'enfants, contrairement à leur(s) souhait(s) : la ménopause devient alors un deuil plus que symbolique, même si chacun au fil du temps avait bien commencé à renoncer doucement à un tel projet. Elle marque le coup d'arrêt final de l'idée de procréation. Cette page est définitivement tournée. C'est donc à chacune, à nous, de nous affranchir des préjugés culturels afin de transformer chaque jour davantage cet inconscient collectif et certaines images qu'il a des femmes. Et c'est aussi à chacune d'entre nous de prendre conscience que féminité et maternité ne se confondent pas et qu'au contraire le pouvoir du féminin va bien au-delà de notre capacité à enfanter. Les sorcières, en nous rappelant cette réalité, nous permettent de percevoir l'immensité des possibles concernant l'aventure du féminin, en lien avec elles-mêmes, en lien avec les autres, en lien avec le monde et, avant tout, la nature.

Chapitre 5

Dé-couvrir sa nudité

« Tout sur terre est refus : la nudité, c'est oui, c'est la voluptueuse et sombre hardiesse de la femme osant effrontément être déesse. »

Victor Hugo[1]

Une étape nécessaire pour apprendre à mieux assumer son corps et à s'affranchir des préjugés consiste à s'ouvrir à la nudité, la sienne initialement. Avant même de se pencher sur le potentiel érotique de celle-ci, c'est d'abord sa naturalité, l'essence de cette vie incarnée, qu'il importe de souligner. Honte, pudeur, jugement, excitation… Face au corps nu, nous passons par toutes les couleurs des ressentis : tout se passe comme si la banalisation de la pornographie qui cherche à faire oublier la dimension animale du corps avait,

1. *Nuda*, cité dans *L'Originel*, n° 7, Paris, Charles Antoni, 2011.

paradoxalement, rendu la nudité naturelle plus transgressive. Avec des conséquences non négligeables au sein du couple. Le gynécologue et andrologue Sylvain Mimoun[1] s'en émeut, soulignant à quel point l'intime se fait de moins en moins lieu de l'abandon et du refuge, pour devenir celui de la mise en scène de son image, du spectacle du corps[2], avec des incidences non négligeables sur la relation sexuelle, sur le désir et le plaisir. Quand on est mal dans sa nudité, mal dans la perception que l'on a de son corps, difficile de s'abandonner au regard comme aux mains de l'autre. Difficile de célébrer et de danser la vie de tout son corps incarné, de toute sa chair palpitante.

C'est comme s'il fallait tout réapprendre de zéro. Apprendre à se dénuder, retrouver cet état fluide de non-séparation où aucun vêtement, aucune parure ne nous sépare du monde, se reconnecter à nos premières sensations physiques et émotionnelles, réapprendre l'existence par tous nos sens. Refaire du lien avec son corps, ne plus le vivre comme séparé de soi dans une vision narcissique ou utilitariste, mais véritablement l'intégrer, l'habiter sans le juger, le ressentir dans sa globalité, pour un jour, peut-être, oser le célébrer. Bien vivre sa nudité nous rend plus forts. Lorsque l'on accepte la singularité de son corps dévêtu, l'on devient plus réceptif et plus tolérant face à celle de l'autre. Le lien s'apaise. La vie se met à palpiter. Comme un écho de la terre et du monde.

1. Coauteur de *Sexe et Sentiments*, Albin Michel, 2009.
2. Interviewé dans *Psychologies*, juin 2010.

Se déshabiller soi

Se réconcilier avec son corps dans son plus simple appareil fait partie des premières étapes, des premiers rituels magiques : se déshabiller doucement, savourer sa nudité comme une libération, sentir l'air frôler et caresser chaque centimètre carré de sa peau, sortir pour goûter la caresse de l'eau, du vent et du soleil sur son corps, oser se regarder, se toucher… La nudité est la plus intime des rencontres, la plus naturelle aussi, celle qui n'exige, *a priori*, ni efforts ni artifices. C'est un processus que d'apprendre à accepter son corps tel qu'il est, avec ses imperfections et les inévitables changements que le temps lui impose, sans le dissocier de soi. Difficile pourtant de résister à la pression qui présente la beauté comme un projet à mener à bien, une progression vers un idéal qui fait du corps l'objet par excellence. Pourtant, se sentir bien nu est à la portée de tous. Il faut d'abord dissocier l'image du corps de son ressenti, comme si l'on cherchait à mieux rentrer à l'intérieur de soi en cessant de penser à la forme extérieure de son corps et en particulier à sa conformité. Le plaisir et le confort corporels s'éprouvent de l'intérieur. Être à l'écoute de son corps, accueillir les sensations qu'il procure permet de l'habiter pleinement et de se sentir reconnaissant pour le plaisir qu'il nous offre. Comme un enfant. Seul le ressenti peut nous délivrer de la prison et de l'exigence du mental. C'est seulement en travaillant sur ses sensations, comme nous le verrons, en développant l'intériorisation des émotions que l'on peut réinvestir son corps. Le retrouver. Et l'honorer. La nudité nous rappelant avec intensité notre vulnérabilité, nous essayons de tricher avec elle. Mais une fois qu'elle est apprivoisée, nous nous souvenons que notre corps est notre principale source de plaisir, et notre unique connexion au monde dans toutes ses dimensions. Les sorcières ne pouvaient l'oublier. Beaucoup de rituels se pratiquaient nu(e), seul(e) ou en groupe. Étrangement, au bout d'un moment, on finit par ne plus penser à l'image de soi, à ce que vont penser les autres, à tous les « trop » et les « pas assez ». Au bout d'un moment, le corps retrouve sa vibration, sa joie, et l'on a fini par cesser de se soucier de tout cela. Chacune est là, dans son énergie et sa puissance. Incroyablement là. Pour l'avoir expérimenté, sans avoir fréquenté de naturistes et pour avoir plutôt réservé ma nudité aux moments d'intimité, j'ai souvenir de quelques instants de gêne avant de me sentir bouleversée par la beauté de ces corps dansant à la lumière du feu brûlant dans le chaudron.

Nus, ensemble

Le naturisme constitue, pourtant, une bonne école de la différence, de la tolérance, afin de retrouver cette joie-là. Sa pratique semblait largement passée de mode et nous évoquait des souvenirs hippies datant des sixties… Elle revient aujourd'hui, en toute sérénité. Ce que confirme d'ailleurs une étude récente menée par le sociologue britannique Keon West[1] : les naturistes

1. Keon West, « Naked and unashamed. Investigations and applications of the effects of naturist activities on body image,

seraient globalement plus satisfaits de leur vie. Les études déjà parues sur la question tendaient à démontrer que le naturisme ne nuit pas à la santé mentale, ni à la stabilité affective des personnes fréquemment exposées à la nudité étant enfant. Mais cette nouvelle recherche va jusqu'à montrer que le naturisme procurerait des bienfaits psychologiques. Ses conclusions prouvent que le fait de voir des corps très diversifiés façonne « des standards d'attirance et de beauté plus réalistes » qui permettent de fabriquer une image positive de soi. D'après le chercheur, ce n'est pas tant le fait de s'habituer à montrer son propre corps qui met les individus à l'aise, mais bien l'acceptation de facteurs esthétiques différents. Voir de nombreux corps nus permettrait de contrecarrer les modèles sociaux dominants et de renforcer son estime personnelle. Cette amélioration joue par ricochet sur la satisfaction générale des individus, directement corrélée au sentiment de bien-être avec la nudité.

Le naturisme ne consiste pas seulement à se déshabiller et à vivre nu : c'est un mode de vie, qui résonne avec celui des sorcières, et dont le but est de contribuer à l'épanouissement du corps et de l'esprit au contact de la nature. Pour préserver son équilibre biologique et nerveux, le naturiste se tourne aussi vers des éléments naturels tels qu'une alimentation saine, des bains d'eau, d'air et de soleil, de l'exercice physique. Il ne fait d'ailleurs guère de doute que vivre dans le plus simple appareil procure du plaisir. Plaisir du corps au

---

self-esteem, and life satisfaction », *Journal of Happiness Studies*, janvier 2017.

soleil, de la nage nu et, surtout, sensation grisante de liberté. Jubilation aussi de rompre avec un code social qui impose de cacher certaines parties comme si elles étaient honteuses : ici, le sexe fait partie du corps au même titre que les autres organes, ni plus ni moins. Ce dépouillement qui prive de toute parure dédramatise la nudité et se montre très égalitaire, éliminant tout signe extérieur de richesse. Face aux autres, la nudité dévoile, fragilise parfois, tout en appelant au respect mutuel et à l'humilité. Autant d'éléments constituant une manière d'honorer son corps, de vivre en harmonie avec le monde, dans le respect de soi, des autres et de l'environnement, qui ne peut que faire écho au monde des sorcières, tout aussi en lien avec son environnement. Chacun à sa manière peut tenter l'expérience, seul dans son jardin ou dans un lieu spécifiquement destiné, à condition, bien sûr, de se sentir inspiré.

Chapitre 6

D'envies et de sexes

« Le sexe sans l'amour n'est pas toujours drôle. Mais c'est plus drôle que l'amour sans le sexe ! »

Georges Wolinski

Bousculer les tabous, avancer à contre-courant, déranger au sein d'une société frustrée… La sorcière est une femme qui parle, qui ose, qui vit sans se soumettre ni négocier. Elle assume son corps et vibre à son diapason : nudité, polyamours, puissance des menstruations, elle danse sa vie à l'infini. Nul doute que c'est pour cette raison (consciente et parfois inconsciente) que de nombreuses sorcières ont été pourchassées. La plupart d'entre elles ne faisaient pas mystère d'assumer leur féminité, leur sexualité ou d'aider les autres à l'assumer.

Sages-femmes et faiseuses d'anges

Elles étaient déjà celles qui connaissaient les secrets des plantes contraceptives, abortives également, ces secrets de « bonne femme » comme on disait. Car il faut sortir de l'illusion que la contraception est née avec l'invention de la pilule contraceptive. Dans son best-seller mondial *La Tente rouge*, Anita Diamant[1] raconte ainsi comment la fille et les épouses de Jacob vivaient toutes les étapes de leur féminité, l'arrivée des règles, la sexualité, parfois la stérilité, et géraient les naissances au sein d'une tribu biblique mille cinq cents ans avant Jésus-Christ : « Inna lui conseilla de cesser de concevoir pour un temps. Elle lui apporta des graines de fenouil et lui apprit à confectionner un pessaire[2] avec de la cire. » Comme le montre la chercheuse féministe Sylvia Federici dans *Caliban et la Sorcière*[3], malgré la christianisation progressive de la société, jusqu'au Moyen Âge, de mère en fille, de sorcière en guérisseuse, les femmes ont continué à se transmettre les savoirs féminins concernant la gestion de la reproduction. Mais aux XVIe et XVIIe siècles, l'État qui cherchait à se structurer avec davantage de rigueur finit par considérer que la richesse d'une nation se mesure au nombre de ses sujets : les utérus deviennent alors

1. Anita Diamant, *La Tente rouge*, Robert Laffont, 2000.
2. Un pessaire est une sorte de diaphragme destiné à boucher le col de l'utérus. Il en est fait mention dans le serment d'Hippocrate.
3. Sylvia Federici, *Caliban et la Sorcière*, éd. Entremonde, 2014.

un territoire public, contrôlé par les hommes et mis sous tutelle de l'État, lequel punit de peine de mort l'avortement en même temps qu'il décriminalise le viol (du moins pour les victimes les plus pauvres). À côté de cette logique impérialiste vient se greffer une autre logique, celle de la religion, qui poussait déjà depuis longtemps dans cette direction, faisant des plaisirs charnels un péché, rejetant le sexe et la femme du côté du diable, s'opposant ainsi à toute élaboration d'un érotisme sacré, et barrant *de facto* l'accès à la joie, à la plénitude, au divin de la chair.

Filles de Lilith

Or, les inquisiteurs supposent, bien sûr, que les sorcières ont une sexualité débridée. D'après le « Marteau des sorcières » (*Malleus Maleficarum*), le traité utilisé pour les pourchasser, elles ont le « vagin insatiable ». Les sabbats apparaissent comme de véritables orgies sexuelles. On retrouve ici la peur de la femme, de sa puissance et de son désir, qui n'est pas sans évoquer la figure de Lilith, sorte de Vierge noire, déesse de l'amour, de la sexualité et de la mort, présentée comme la première femme d'Adam, et dont la figure resta présente dans toute l'Europe durant le Moyen Âge et la Renaissance. Les démonologues écrivirent en effet beaucoup sur ce mythe féminin, mélangeant par la même occasion toutes les traditions qui l'avaient évoqué. Il existe, effectivement, selon la création judéo-chrétienne, deux archétypes féminins qui n'ont pas manqué d'influencer la place et le pouvoir des femmes : l'une, Ève, siège de manière proéminente dans l'histoire de la Bible ; l'autre, Lilith, qui précédait Ève, a finalement été oubliée, quasiment radiée du texte. Il faut dire qu'elle semble avoir cumulé tous les maux, porté tous les noms bannis : démon, vampire, assassin, prostituée, séductrice, meurtrière, sorcière bien sûr, encore et toujours sorcière. Pourtant, si l'on revient au commencement, que s'est-il passé ? Voici l'histoire, telle qu'on peut la trouver dans l'*Alphabet de Ben Sira*[1] : Dieu fait Adam et Lilith de la même terre. Pour cette raison, Lilith considère qu'elle est l'égale d'Adam et refuse de se mettre en dessous de lui pour faire l'amour. Adam n'est pas d'accord, revendiquant de son côté sa supériorité. Ils se disputent, et lorsque Lilith prend conscience qu'elle n'obtiendra rien d'Adam, elle prononce le Vrai Nom, l'ineffable nom secret de Dieu (qu'elle est seule à connaître), ce qui lui donne le pouvoir de fuir le jardin d'Éden pour une caverne près de la mer Rouge dans le désert. Adam va se plaindre à Dieu qui envoie trois anges pour persuader Lilith de revenir. Elle refuse. On lui dit qu'une centaine de ses enfants vont mourir chaque jour en punition de son départ. Elle courbe l'échine et fait le vœu de tuer des bébés humains en retour. À la fin de la discussion avec les anges, elle accepte d'épargner tous les bébés qui sont protégés par des amulettes contenant les noms et les images de ces trois anges.

1. Ce texte médiéval anonyme aurait été écrit entre 700 et 1000 de notre ère. Il est composé de deux listes de proverbes.

Lilith se comporte comme une déesse qui suit ses propres règles. On raconte qu'elle vole au travers de la nuit, ses longs cheveux flottant derrière elle (les cheveux longs sont un anathème, effrayants et terriblement attrayants pour les hommes, ce qui explique qu'ils doivent être coupés ou couverts dans les religions monothéistes). Ne serait-elle pas la première sorcière ? Ce qui est certain, c'est qu'elle est devenue un bouc émissaire ! En se rebellant contre l'oppression masculine d'un paradis trop patriarcal, Lilith ouvre la voie permettant aux femmes de se penser égales. Son mythe connaîtra d'ailleurs un véritable retour en force, devenant l'une des figures emblématiques du mouvement féministe, en particulier aux États-Unis dans les années 1970.

Une répression puritaine de la sexualité

Alors, pourquoi Lilith ? Sociologiquement, dans les anciens temps et à toutes les époques, on se demande pourquoi les femmes meurent si souvent en couches et pourquoi la mortalité infantile est si élevée. Mais aussi pourquoi les hommes ne se satisfont pas de leur femme et pourquoi ils sont particulièrement tentés de la tromper ? Lilith est alors l'éternelle explication.

Psychanalytiquement, Lilith est la projection de l'archaïque. Comme l'a révélé Mélanie Klein, le fantasme primitif de la succion du nouveau-né fait écho au monstre vampirique que l'on redoute. Pomper, vider, sucer à mort, aspirer l'énergie vitale se retrouve dans de nombreux mythes. Lilith, avec sa sexualité insatiable, a beaucoup de rapport avec le mauvais œil. Elle se nourrit de chair d'enfants, elle représente les pulsions cannibaliques qui s'établissent aux confins de la séduction et de la dévoration. En s'appuyant sur une telle figure, à travers la persécution de ces femmes, s'exprime une répression plus générale de la sexualité. Les missionnaires de la réforme catholique cherchaient à combattre la relative liberté des mœurs qui existait alors dans les campagnes. Les « aveux » extorqués sous la torture aux prétendues sorcières peuvent et doivent aussi être interprétés par rapport à cette lutte puritaine. La copulation avec Satan, ou avec des démons, rappelle la survivance dans le monde rural des « fiançailles ou mariages à l'essai » au cours desquels les fiancés cohabitaient pendant un an avant d'officialiser leur union, des concubinages, de la polygamie, que veulent extirper de la culture populaire les autorités. Le sabbat, cette « fête sacrilège », n'est que la transposition diabolique des fêtes populaires multiples qui débouchaient fréquemment, l'ivresse aidant, sur des débordements sexuels. L'interdiction des danses en rond, comme la sardane, est une manière d'éviter que les personnes ne se mettent en transe. En fait, les multiples péchés imputés aux sorcières résultent d'une insatisfaction profonde de ces missionnaires devant la résistance d'une conduite sexuelle paysanne qui ne se coule pas suffisamment dans le moule de la réforme catholique du Concile de Trente[1], à la suite duquel l'Église a cherché à

1. Ce concile, qui a eu lieu dans la cathédrale de Trente en Italie, en 1545, servira à réformer en profondeur l'Église catholique pour

exercer un contrôle plus strict sur les populations catholiques. Les procès en sorcellerie, dans ce contexte, permettent de culpabiliser les foules en reliant au diable la femme et la sexualité hors mariage. Les femmes deviennent l'emblème de la luxure. Avec elles, la sorcellerie prend la forme d'une débauche sexuelle : par ses pratiques déviantes, la sorcière est alors susceptible de donner naissance à des êtres démoniaques en transgressant les lois chrétiennes de la procréation. Les sorcières révèlent également en creux les angoisses sexuelles de l'imaginaire masculin : elles sont supposées sectionner le membre viril des hommes à des fins rituelles, attenter à leur puissance sexuelle, ou encore, comme dans certains récits, engloutir des hommes par leur vagin. Car les tribunaux de l'Inquisition ne reprochent pas uniquement aux sorcières leur sexualité libérée. L'autre aspect de cette focalisation est bien l'accusation de rendre les hommes impuissants (on dit qu'elles savent « nouer l'aiguillette »), et la terre et les animaux infertiles. Les textes des inquisiteurs semblent finalement avant tout un catalogue fourni des perversions, des angoisses et des fantasmes sexuels masculins des époques concernées, qui aboutira à la mise sous tutelle bien ordonnée du corps des femmes et de leur sexualité pendant plusieurs siècles.

---

faire face à la Réforme protestante. On parle aussi de « contre-Réforme ».

Une sexualité en quête d'humanité

Le mouvement pour s'en libérer constituera un long processus, toujours en cours à ce jour. C'est au XIXe siècle, dans le sillage des avancées démocratiques, que surgit le féminisme, quand des femmes telles que les suffragettes – revendiquant le droit de vote pour les femmes au début du XXe siècle au Royaume-Uni – se regroupent, faisant le constat de leur oppression commune et dans l'objectif déclaré de leur émancipation. La Première Guerre mondiale servira d'accélérateur à cette évolution. En effet, les femmes remplacent pendant quatre ans les hommes partis au front, exerçant tous les types de professions y compris les plus durs. Le droit de vote ne sera pourtant accordé aux Françaises que par une ordonnance de 1944 (elles purent, pour la première fois, utiliser leur droit aux élections municipales de 1945). Après la Seconde Guerre mondiale, le travail des femmes s'est exercé de plus en plus hors du cadre familial, et le salariat devient une réalité. Grâce à la progression de la scolarité des jeunes filles, les femmes ont pénétré des secteurs et des professions jusqu'alors occupés par des hommes. Le MLF (Mouvement de libération des femmes) naît en 1971, porteur de revendications politiques et sociales, mais aussi d'un discours interrogeant la sexualité, le droit à l'avortement, ainsi que celui à une contraception libre. D'ailleurs, dans ce dernier domaine, la réelle libération est venue un peu par hasard, même si l'époque avait déjà connu de nombreux bouleversements. L'anthropologue Françoise

Héritier s'en amuse plutôt lorsqu'elle rappelle que la pilule contraceptive a été accordée aux femmes pratiquement par erreur, en tout cas en toute méconnaissance de l'impact d'une telle mesure sur la société. En effet, les méthodes contraceptives peuvent être masculines ou féminines. Mais parce que notre culture considère que tout ce qui concerne les enfants doit être géré par les femmes, le législateur a privilégié la contraception féminine, sans prévoir les incroyables conséquences d'une telle décision, la pilule étant devenue l'instrument fondamental de l'émancipation féminine.

Pourtant, lorsque l'on se croit aujourd'hui libéré d'une vision patriarcale de la sexualité, c'est pour prendre conscience que cette dernière peut devenir un objet de consommation comme un autre et demeurer tragiquement tout aussi vide de sens, la sexualité de nos jours pouvant se décliner sur un mode obsessionnel, d'« objectisation », voire de standardisation. En prenant soin de leur corps, de leur nudité, en honorant leur sensualité et en acceptant parfois de connaître l'extase, certaines femmes essaient de vivre autrement leur sexualité. En recherchant, en trouvant parfois l'orgasme, cet orgasme dont la nature n'a pas besoin *stricto sensu* mais qui permet de se libérer de tous les carcans du paraître, elles tentent d'accepter leur sauvagerie, de s'ouvrir à la transe, au plus grand qu'elles, à l'infini, laissant de l'espace aux mystères, aux réalités irréelles, plus grandes que l'amour et plus grandes qu'elles. « Devant cette affirmation éblouissante où la femellité de la femme et sa spiritualité sont indissociables, l'homme a toujours été fasciné ou terrifié, mais de toute façon dépassé », sourit Gérard Leleu[1]. Sauf que… les femmes se faisant de plus en plus initiatrices, elles offrent aux hommes (du moins à ceux qui le souhaitent) de transformer leur propre orgasme en extase afin qu'ils s'ouvrent, eux aussi, aux autres dimensions de la sexualité, vers davantage de spiritualité.

Une magie des plus puissantes

La magie sexuelle est une magie extrêmement puissante. La jouissance, cette transe qui l'accompagne parfois, aide notre esprit à se détacher de notre mental et à voyager vers d'autres univers, nous donnant le sentiment de toucher à quelque chose d'infiniment plus grand que nous, de l'ordre de l'universalité. L'excitation érotique a d'ailleurs longtemps été utilisée comme un moyen pour générer l'énergie. Dans le tantrisme par exemple, deux voies étaient proposées à l'étudiant en recherche : la voie dite « sèche » de l'ascèse (liée au renoncement), et la voie humide, où l'on utilise l'énergie sexuelle, canalisée et orientée. Le tantrisme est un courant spirituel complexe, apparu en Inde au VIIe siècle. Il propose la prise de conscience de notre unité fondamentale, du corps et de l'esprit, en relation avec l'univers, à tout instant. Cette approche implique un apprentissage de notre double polarité, masculine et féminine, et l'acceptation de notre entière réalité, avec ses ombres et ses lumières. La sexualité y est vécue comme une méditation où, grâce à des techniques de respiration et

1. Gérard Leleu, *Sexualité, la voie sacrée*, Albin Michel, 2004.

de relâchement du corps, chacun des partenaires peut ressentir un sentiment d'unité profonde avec lui-même et avec l'autre. En se proposant de vivre sa sexualité de manière plus consciente, chacun va chercher à incarner, quelque peu, l'aspect de la dualité divine : les femmes sont des déesses et les hommes sont des dieux, un peu comme si l'on réactualisait chaque fois que l'on fait l'amour l'instant initial de la Création en un big bang joyeux et sensuel. Il ne s'agit pas de faire l'amour pendant un rituel de magie (comme cela a pu exister autrefois) mais bien de faire de sa sexualité un espace bienveillant et sacré, capable de nous enrichir en nous ouvrant à d'autres dimensions, d'autres possibles, à un autre ancrage dans notre existence. Notons que cette voie dite « humide » ne met pas seulement en avant une sexualité à deux mais privilégie aussi une bonne entente du couple sur tous les plans, percevant celui-ci comme un véritable chemin initiatique (peut-être plus complexe finalement que la voie sèche !). Dans un tel contexte, l'énergie sexuelle est vue comme un moyen d'échanger, de se donner aux autres et de leur donner. Loin de la sexualité consommatrice, dans la pulsion et l'avidité, il s'agit d'une sexualité qui relie et unifie.

L'orgasme, un état suprême de conscience

La libido est élan de vie. Les sorcières l'ont bien compris. Et même si elles sont loin d'être les seules, elles n'ont pas peur de le revendiquer. Prendre le temps de vivre, prendre le temps de dire, le temps de jouir. Quitter la compulsion, entrer dans la délectation. Temporalité, sensualité, conscience, la rencontre se vit pleinement (même si l'on n'est pas obligé de s'adonner au culte tantrique, il n'est pas interdit de s'en inspirer…). La jouissance est un art de la transe, un lâcher-prise, une libération, une ouverture, une possession. Il n'est guère étonnant que le bruit ait longtemps couru que la femme lorsqu'elle jouissait était « possédée » par le diable, en proie à une crise démoniaque. Car il faut que l'autre soit suffisamment sûr de lui et bien ancré dans sa vie pour pouvoir accompagner sereinement cette explosion de vie et de ressenti. Sinon la peur risque de dominer, peur d'être épuisé, peur d'être dépassé, peur d'être emporté (le tout mêlé à l'envie de connaître pareil paroxysme). Les Orientaux n'ont eu de cesse de reconnaître un tel phénomène et de lui donner une dimension métaphysique, voire mystique : ils ont fait de l'orgasme un état de conscience suprême, susceptible de repousser les limites du connu et de favoriser l'Éveil. Pourquoi est-ce si complexe à entendre pour les Occidentaux que nous sommes ? Pourquoi avons-nous tant de mal à associer la sexualité au sacré ? Peut-être parce que, comme nous l'avons vu, nous sommes issus d'une tradition judéo-chrétienne, où l'on a cherché à séparer le corps de l'esprit, et que donc il ne pouvait rien venir de bénéfique de la sexualité. Elle constitue pourtant un moyen efficace et puissant de nous relier à l'autre, au monde, à l'univers, à condition d'être pratiquée dans la présence et la conscience, voire l'excellence (proposée non comme une notion d'obligation de résultat mais davantage dans une envie de progresser et de dépasser ses propres limites). Pourtant, si dans l'échange la femme initiée parvient à habiter son corps, sa vie et son âme, elle ne pourra qu'inviter au fil du temps son partenaire à en faire autant. Loin des jeux de pouvoir, ce nouveau couple pourra expérimenter une nouvelle communication, où chacun saura exprimer qui il est – sans reproche ni manipulation –, écouter et entendre l'autre, afin d'aller toujours plus loin dans le jeu des corps, afin de toujours davantage s'oublier pour s'ouvrir à d'autres dimensions. Gérard Leleu conclut : « L'extase érotique est de ces événements qui propulsent dans le sacré. Dans la déflagration de l'acmé, quand le petit moi se pulvérise, quand seule reste la pure conscience, apparaît l'homme divin en nous[1]. » Tout comme la femme divine.

Les non-règles du jouir

On comprendra bien alors que les règles du jeu rigides et apeurées n'ont rien à faire ici. Peu importe la forme sous laquelle cette sexualité va s'incarner – à chacun de faire comme il sent et comme c'est juste pour lui, selon son envie –, à condition que l'ensemble se déroule dans la présence authentique, l'écoute et le respect. Parce que la sorcière cherche à poursuivre les mystères, parce que la sexualité en constitue l'essence, elle va chercher à l'intégrer au cœur de sa vie. Elle peut être fidèle ou polyamoureuse, célibataire, homosexuelle ou hétérosexuelle, ou encore bisexuelle, mais

1. Gérard Leleu, *Sexualité, la voie sacrée*, Albin Michel, 2004.

elle se doit (autant que possible) d'être alignée avec ses croyances et de vivre sa vie en authenticité. Il n'y a guère de place pour le mensonge, lequel pourrait l'éloigner de son engagement premier, qui consiste à mettre autant que possible du sacré dans sa vie. Et si les sorcières ont longtemps eu la réputation d'être des femmes « faciles », il s'agit probablement du prix à payer pour leur liberté. Il est clair que la plupart d'entre elles étaient et restent des femmes autonomes, capables de dire oui lorsqu'elles en ont envie ou non lorsque c'est leur choix aussi : une réalité pas toujours facile à entendre pour des hommes qui ont pendant des siècles (que dis-je, des millénaires !) pris l'habitude de disposer d'elles selon leurs besoins et leurs envies, sans trop se préoccuper de leur volonté (à elles)...

Un jeu d'adultes

Aimer le sexe, aimer l'amour. Je ne suis pas sûre que nous, les femmes, ayons réellement été éduquées à cela. Pas plus que la majorité des hommes d'ailleurs, un grand nombre d'entre eux restant au niveau de la « décharge » sexuelle, peu capables et sans aspiration même à aller chercher la jouissance de la femme et avec la femme qu'ils ont dans leur lit. Pour ma génération, le discours, dans le meilleur des cas, était là. C'était le cas chez moi, enfin chez mes parents. Il y avait des livres d'éducation sexuelle, je les lisais, les relisais, m'en imprégnais. Mais les mots restaient enfermés dans les gangues de gêne : coït, masturbation, fellation… il ne fallait quand même pas poser trop de questions ! J'ai vite compris que ce serait à l'extérieur que je trouverais ces informations. J'ai aussi vite compris que les plaisirs corporels étaient mes alliés car ils me rendaient plus vivante, me parlaient du lien avec mon corps et du lien avec les autres, et cela me faisait envie, me faisait vibrer. Je l'ai su bien avant ma première relation sexuelle. Pourtant, il m'en a fallu, du temps, pour me libérer, autant que faire se peut, de la perception bourgeoise de mon milieu. J'avais suffisamment confiance en moi, en mon corps, en ma capacité à me respecter et me faire respecter pour oser sortir des limites imposées. Juste expérimenter et voir ce que cela me faisait. Je ne craignais et ne crains ni d'être désirante, ni d'être désirée. Au contraire. Telle la sorcière de nos fantasmes, j'ai toujours aimé transgresser les interdits que l'on m'avait fixés pour aller vers ce champ des possibles que constitue la sexualité. J'ai aussi eu une chance immense, celle de rencontrer des êtres capables de m'initier, toujours davantage, aux jeux de l'amour. Dans l'audace et la joie.

Non, il ne s'agit pas d'avoir des relations sexuelles avec n'importe qui (sur un mode de consommation qui relève finalement davantage du champ de la masturbation que de la rencontre). Il s'agit juste de reconnaître que le désir est au cœur de nos vies et qu'il importe de savoir l'honorer lorsqu'il vient s'y immiscer, qu'une rencontre même ponctuelle, même fugace, peut faire sens dans notre existence, sans remettre nécessairement en question nos choix et nos engagements. Il ne s'agit pas non plus ici de vivre une sexualité effrénée destinée à se sentir exister par le regard de l'autre ou sa satisfaction dans une quête éperdue de reconnaissance, façon Marilyn Monroe, mais bien de faire l'amour, parce que le corps nous en dit, parce qu'une sexualité épanouie nous régénère, nous illumine et nous vivifie. La sexualité n'a pas à devenir la cinquième roue du carrosse de nos vies surchargées, elle devrait au contraire faire partie de nos priorités : dégager du temps pour le sexe, pour initier et assumer son désir, se montrer disponible à celui de l'autre, homme ou femme d'ailleurs. J'aime notre époque, qui nous permet de tout dire, tout écrire, et beaucoup expérimenter. Sans illusion non plus, car on peut se perdre dans les méandres de la sexualité. Celle-ci est en effet une manière d'être qui demande de l'attention, à soi et à l'autre, de la présence et de l'abandon. Abandonner ses défenses pour s'abandonner à l'autre. Accepter de soutenir le désir de ce dernier sans crainte d'être reléguée au rang d'accessoire. Parfois objet de désir (quand je le veux bien), parfois sujet désirant. Cesser de se regarder comme conforme ou pas, sortir de la passivité, sortir des jeux de pouvoir, même au lit, surtout au lit, juste pour partager une expérience capable (des fois) de nous submerger, nous emporter, nous perdre. Parfois, prendre le dessus tel que le souhaitait Lilith, parfois, prendre le dessous, et dans tous les cas, sortir de la victimisation, de l'idée que l'homme doit être le prédateur et la femme la proie. Partir en chasse parfois aussi, pourquoi pas. Sortir du discours ambiant qui veut que l'homme, et sa testostérone, le destine à vivre une libido conquérante là où nos pauvres hormones nous prédisposeraient à l'attachement, à la tendresse et à une forme de réserve sur le plan sexuel (les femmes ont aussi de la testostérone, savez-vous ?). Vivre ensemble un moment érotique unique, qui n'a plus grand-chose à voir avec les enjeux affectifs que l'on voudrait lui faire porter. Oser s'écouter pour oser se dépasser. Selon moi, nous sommes à l'âge de pierre de la sexualité, et j'envie les traditions indiennes, asiatiques qui ont fait un art de la rencontre sensuelle et érotique. Il ne tient qu'à nous d'apprendre, d'y consacrer un pan de notre vie. De lire, de regarder, de fantasmer, d'y aller, d'inventer, d'en parler. Et avec cet autre, qu'il soit juste de passage ou, au contraire, bien installé dans notre vie, de tenter d'accéder ensemble aux portes secrètes de ce jeu du masculin et du féminin sacré. « L'amour est pour chacun une ouverture sur l'inconnu de nos forces de vie, celles qui nous ont donné la vie. La rencontre sexuelle remet en jeu ces forces. Elle permet non seulement de se découvrir soi-même, mais de s'y dépasser dans une véritable création improvisée à deux », sourit Danièle Flaumenbaum[1]. Au sein de cette danse si singulière, nous fusionnons, nous donnons, devenons un avec un autre, acceptons de nous dissoudre en lui sans crainte de nous y noyer. Mais nous sentons également notre impact sur l'autre, nous voyons notre visage dans ses yeux, nous sentons notre pouvoir de le toucher dans tous les sens du terme, de l'émouvoir aussi. Nous vivons ensemble un événement à la fois dans la fusion et la séparation, dans tous les cas en un échange d'énergie plus ou moins

1. Danièle Flaumenbaum, *Femme désirée, femme désirante*, Payot, 2006.

puissant. L'extase qui y est associée peut exalter notre corps et l'incarner encore davantage dans la réalité, mais aussi exalter notre âme vers l'éternité. Les extrêmes se rejoignent. La jouissance nous ouvre des portes inconnues, d'Éros à Thanatos, dans une quête d'infini et d'absolu…

L'accès à une telle sexualité est un cheminement, lent et patient, d'ouverture et de confiance, d'essais et d'erreurs aussi, censé nous amener à toujours plus d'amour pour nous-mêmes et d'ouverture et de tendresse pour l'autre. Certainement pas les jeux Olympiques du coït, ni du nombre de partenaires, ni des configurations sexuelles les plus complexes ou les plus originales. Une histoire d'apprivoisement, de confiance. Dans un monde hypersexualisé dans la forme (comme on peut le voir dans la publicité, le cinéma, mais aussi les nombreux messages implicites qui constituent le tissu social) et finalement assez puritain dans le fond, il est difficile de renouer avec l'essence du lien. Il est possible d'aller s'initier lors de stages tantriques, qui n'ont rien de pornographiques, pour apprendre à se reconnecter à soi, à son corps, à son désir, à son souffle, puis à l'autre. Il est possible de s'initier avec celles et ceux qui ont fait une partie de la route et, en tout cas, bien réfléchi sur notre sexualité aujourd'hui : je pense aux livres de Françoise Simpère, comme *Aimer plusieurs hommes*[1] revendiquant la possibilité d'aimer plusieurs personnes ouvertement et honnêtement, selon les principes des polyamours, à ceux de Marcela Iacub,

1. Françoise Simpère, *Aimer plusieurs hommes*, Pocket, 2004.

comme *La Fin du couple*[1] où l'auteure en appelle à la fin du couple fondé sur l'amour et la sexualité exclusive. Non comme des diktats à suivre, mais bien des outils de réflexion dans tous les sens du terme, un état des lieux du monde d'aujourd'hui et de ses possibles. Je pense aussi à une série télévisée que j'adore et qui a le mérite de poser avec justesse les mots et les évolutions possibles des choses du sexe : *Masters of Sex*[2]. Au-delà des débats de genre qui semblent enflammer la société française, la sexualité relève de l'intime expérience, de la surprise de la rencontre, de l'émerveillement du vivant. Y mettre des codes plein de rigidité, des obligations (dans un sens ou dans un autre, d'ailleurs), trop de peurs, lui a toujours été néfaste. Il n'existe pas une « bonne » sexualité mais autant de sexualités que d'humains, et c'est bien sûr lorsque l'on rencontre une personne vibrant sur une fréquence proche de la nôtre que la magie semble survenir, illuminant nos jours (et nos nuits), et ouvrant notre conscience à une autre dimension de l'amour et de la vie.

1. Marcela Iacub, *La Fin du couple*, Stock, 2016. Elle y invite à une polygamie généralisée, de même qu'à une forme de philanthropie sexuelle afin d'assurer des satisfactions minimales à ceux qui sont privés de relations charnelles.

2. Cette série télévisée américaine en 46 épisodes d'environ 55 minutes a été créée par Michelle Ashford d'après le roman éponyme de Thomas Maier, et diffusée à partir de septembre 2013. Elle retrace les aléas d'une des plus grandes études jamais réalisées sur la sexualité par les sexologues américains Masters et Johnson.

Chacun fait ce qui lui plaît

Pour autant, la question n'est pas de créer une nouvelle norme, une injonction inverse qui voudrait que la fidélité, par exemple, devienne hors de propos, où l'on devrait faire l'amour avec de multiples partenaires parce que ce serait cela la nouvelle liberté. Non, la liberté est d'être qui l'on est. Profondément. D'être capable de s'extirper du brouhaha du monde afin de s'écouter. Dans son essence. Et d'avancer ainsi, à vue, sans se juger, ni laisser le jugement des autres nous percuter. Le critère de réalisation d'une pratique sexuelle est le plaisir que l'on en retire, soi. Reconnaître honnêtement ses pulsions et ses désirs (mais aussi ses limites et ses tabous) et ne pas les juger, que nous choisissions ou non d'y donner suite. Accueillir la diversité dans l'expression et l'orientation des sexualités. Ici, pas plus qu'ailleurs, il n'est de vérité ou de manière unique qui convienne à chacun.

La sexualité est une manifestation naturelle, saine et joyeuse de notre force de vie. Or, bien souvent, son expression est entravée ou détournée par des sentiments ou des idées reçues tels que la honte, la culpabilité, l'interdiction du plaisir, la dépendance affective, les ressentiments et préjugés vis-à-vis du sexe opposé. Nous pouvons évoluer vers une sexualité épanouie en prenant conscience que ces sentiments sont issus de notre passé (ou de celui de notre lignée) et peuvent être remplacés par le lâcher-prise, l'humour, l'attention aux sensations présentes, la légèreté et la joie. Vivre une sexualité connectée à notre moi véritable, c'est savourer la pratique sexuelle avec naturel, simplicité, innocence et émerveillement.

Chapitre 7

La nature et ses esprits

« Le monde est tel que nous le voyons et le créons. Notre responsabilité est donc considérable. Or, notre être et nos entrailles crient et affirment que tout dans la nature, y compris nous-mêmes, est sacré. Il suffit de s'ouvrir à cette évidence pour qu'un profond sentiment de respect et de paix s'installe en nous. »

Arnaud de l'Isle[1]

Ici, ailleurs, partout, la route de la sorcière est nécessairement une voie de traverse, l'un de ces chemins noirs, peu ou mal répertoriés, par-delà les voies secondaires. Il s'agit de son territoire d'ailleurs, de son lieu de déambulation, de perte et de retrouvailles, de son espace de contemplation, de ressourcement, d'étude et d'apprentissage. Si elle peut, durant un temps, vivre ses expériences aussi bien dans les villes que dans

1. Arnaud de l'Isle, *ABC de la magie naturelle*, éd. Grancher, 2000.

les champs, c'est au cœur des bois qu'elle s'abrite et se retrouve (et qu'elles se retrouvent ensemble également !)…

À l'écoute des arbres

Car la nature jouit du respect et de l'amour de toutes les sorcières : elles la reconnaissent comme une entité à part entière, une présence nécessaire. En effet, si, pour la sorcière, la divinité est présente en chacun de nous selon le principe de l'immanence que nous avons déjà évoqué, elle pense qu'elle est aussi présente dans tout ce qui existe. Son système de croyance est ainsi basé sur la nature : il existe une énergie présente en toute chose, dans l'air, la terre, le feu, l'eau, l'animal, le végétal et le minéral. Et il lui semble possible d'écouter, puis de libérer ces énergies afin de les utiliser et de les diriger pour créer un changement… Une vision naïve et superstitieuse du monde ? Pas tant que ça. Nous savons par exemple aujourd'hui que les arbres sont capables de communiquer entre eux, de s'entraider, voire de se défendre. Et les chercheurs se demandent même s'ils ont une sensibilité particulière, une intelligence, une mémoire, voire une forme de conscience, différente de la nôtre mais néanmoins réelle. Il nous reste clairement de nombreux mystères à percer en ce domaine. Peter Wohlleben, forestier allemand, auteur du livre *La Vie secrète des arbres* le confirme : « Si les arbres avaient un système politique, alors ce serait le communisme parfait[1] » ! Car ils semblent faire preuve d'une véritable intelligence sociable, et sont capables de dialoguer avec l'ensemble du monde vivant grâce à des messages chimiques[2]. Il ne s'agit pas de comparer la capacité mentale des arbres avec celle des hommes, rappellent ces scientifiques, mais de se laisser interpeller par le fait, par exemple, que les arbres soient, pourrait-on dire, capables de « prendre des décisions ». Donc de collaborer avec nous si nous parvenons à leur demander ? Pourquoi pas ! Les arbres et les rochers semblent capables de nous enseigner tant de choses si l'on cesse de ruminer, de vouloir (tout) comprendre, de parler sans arrêt. Dans les années 1950, un Indien Stoney, Taganta Mani, le disait déjà : « Saviez-vous que les arbres parlent ? Ils le font pourtant ! Ils se parlent entre eux et ils vous parleront si vous les écoutez. L'ennui avec les Blancs, c'est qu'ils n'écoutent pas ! Les arbres m'ont beaucoup appris : tantôt sur le temps, tantôt sur les animaux, tantôt sur le Grand Esprit[3]. » Oui, aujourd'hui, nous savons que les arbres parlent. Et nous avons envie d'apprendre à les écouter. À condition de faire silence.

1. Peter Wohlleben, *La Vie secrète des arbres*, éd. Les Arènes, 2017 ; dans l'émission « Raconte-moi les arbres ! », France Culture, 12 mars 2017.

2. Jacques Tassin, chercheur en écologie végétale au Centre de coopération internationale en recherche agronomique pour le développement, auteur de *À quoi pensent les plantes ?*, Odile Jacob, 2016.

3. Stanislas Petrosky, *La Vengeance de Wandu*, Ska Éditions, 2016.

Un lieu de retrouvailles essentiel

Le mystère du vivant est en effet infini. Mais le temps de l'anthropocentrisme[1] semble bien révolu. Reste alors de la place pour d'autres hypothèses. À l'écoute de cette nature qui semble nous y inviter, l'univers de la sorcellerie fait le choix et le pari de l'échange, de la coopération entre ces différents mondes, ces différentes vibrations, dans le respect de la spécificité de chacun, sans hiérarchie, chaque partie ayant autant d'importance que la totalité. Ce que confirme Janine Benyus, la naturaliste américaine qui a inventé le concept de biomimétisme en 1997, nous rappelant que, contrairement à l'image que nous nous faisons de la « loi de la jungle », la nature ne pratique la compétition que dans 10 % des rapports entre organismes : les 90 % restants sont fondés sur la coexistence, le mutualisme, la coopération, le commensalisme, le parasitisme et la symbiose[2]. La magie s'inscrit dans cette vision, dans cette ouverture, dans cette hypothèse.

Et ce n'est pas seulement par croyance ou parce qu'une telle hypothèse nous réjouit, c'est aussi parce que c'est bon pour nous et que cela nous aide dans notre évolution et notre cheminement intérieur. Au-delà des bénéfices dus à la qualité de l'air ou à l'absence

1. Cette conception considère l'homme comme le centre de l'univers.

2. Gauthier Chapelle et Michèle Decoust, *Le Vivant comme modèle : manifeste pour une éthique du biomimétisme*, Albin Michel, 2015.

de pollution sonore, le territoire de la nature offre un support idéal pour méditer, prendre du recul et stimuler notre créativité. Elle nous ramène à nos sens, nous connecte au moment présent, favorise l'émerveillement, en plus de nous faire sentir que nous sommes tous connectés. Elle constitue un lieu de retrouvailles essentiel pour la sorcière qui est en nous, laquelle, en travaillant sur ses énergies grâce à la méditation en pleine nature, peut progresser avec sérénité, développer ses dons et chercher à ressentir (avant de l'entretenir) ce lien étroit, indissociable entre le monde visible et invisible, entre la réalité matérielle que perçoivent nos sens et le domaine surnaturel, métaphysique. Ce dialogue permanent entre l'ici (pas forcément bas) et l'au-delà (pas nécessairement lointain). Comme le disent les mystiques soufis, partout dans le monde, il y a des signes pour ceux qui comprennent. Il ne s'agit peut-être pas (encore) de les décrypter, mais juste de s'ouvrir à eux avec humilité. La nature est une initiation. S'inscrivant à la fois comme notre origine et notre devenir, elle nous offre un retour à l'essence, à un état naturel de transcendance. Paradoxalement, elle nous aide à renoncer à l'aspiration d'un absolu pour vivre le relatif de l'expérience humaine, où chaque pas peut pourtant être l'expression d'une grandeur, d'une beauté qui nous dépasse et nous nourrit.

Diverses recherches ont montré qu'avoir une activité physique dans la nature est bien plus efficace pour la santé mentale que la même activité dans un environnement urbain. De là vient le terme d'*écothérapie* qui propose d'associer la nature pour traiter les désordres mentaux. L'exemple du *shinrin-yoku* (qui signifie

« bain de forêt ») est connu : cette marche lente en forêt est de plus en plus utilisée au Japon comme forme de médecine préventive. Elle constitue une forme de méditation qui consiste à être présent à son environnement. En l'absence de surstimulation liée à l'environnement urbain, une forme de détente peut s'installer. Alors les signes de stress que sont notamment la pression artérielle et les niveaux sanguins de cortisol diminuent nettement. La nature est le remède. D'ailleurs, le mot *nature* lui-même n'est pas anodin : il vient de *natus*, participe passé du verbe latin *nascere*, « naître ». La nature est donc ce qui est né. L'expression correspondant à l'idée de « nature » en chinois (qui se prononce « tseu jann ») va plus loin et ne peut manquer de nous interpeller. Le premier des deux caractères qui la composent signifie « soi-même » ; le second évoque un ancien rituel chamanique et signifie « ce qui est parce que c'est ainsi, et parce qu'il est bon qu'il en soit ainsi ». La nature est donc bien ce qui est uniquement par soi-même, le professeur absolu, la référence fondamentale, l'inspiratrice de notre âme.

Ce n'est pas par hasard si, lorsque Socrate et le jeune Phèdre se rencontrent dans la cité athénienne, ils vont dans la nature afin de converser au sujet de l'amour, de la beauté, du délire érotique et divin, des muses… Assis à l'ombre d'un platane, entourés par le chant des cigales dont Socrate relate l'origine céleste, ils s'élèvent peu à peu des plaisirs sensoriels à la joie philosophique et à la méditation spirituelle. Ainsi, le dialogue se clôt sur une invocation de Socrate : « Cher Pan, et vous, Divinités de ses lieux, donnez-moi la beauté intérieure, et que l'extérieur soit en harmonie avec l'intérieur… »

Des choses, pas des idées

Romantisme de pacotille ? La nature nous propose aussi paradoxalement un ancrage puissant dans le réel, de faire avec ce qui est. De manière très concrète. L'invitation ici est de s'immerger dans la nature et de voir, une fois de plus de sentir, surtout, ce qui se passe en soi. Pour vivre la moitié du temps à Paris et l'autre moitié à la campagne, je perçois bien la différence de ce qui se passe en moi. C'est clair, au bout d'un moment, je dois fuir la ville. Je suis une fille des bois et de la terre. Mon jardin est immense. Le silence y est incroyablement dense. Parfois, je me pose sur les marches devant la maison, et je ne fais rien. J'existe : j'écoute les arbres, je regarde les oiseaux, les lapins qui oublient vite ma présence, la végétation qui évolue au fil du temps, le soleil et la lune qui croissent et décroissent progressivement. Ma vie y est rythmée par leur histoire. Ici plus que partout ailleurs, je me sens du monde. Je m'invite au cœur de la nature, je suis la nature. En lien dans la trame du tout. Une infime partie de ce tout. C'est ici que je me pose, ici que j'ai appris la magie, que je l'ai vécue, comprise, ressentie. À Paris, elle a toujours un petit quelque chose de superficiel, de volontaire, de plus extérieur dans les rituels. Tout cela me fait penser au film *Avatar*[1]. Son succès incroyable m'avait bien réconfortée à l'époque, j'y avais perçu comme notre capacité, aussi, à nous ouvrir à une autre dimension des choses, où nous ne serions plus en

1. Réalisé par James Cameron, ce film est sorti en 2009.

confrontation brutale avec la nature mais en lien avec elle de manière quasi fusionnelle. Pour son réalisateur, c'est d'ailleurs l'une des idées principales du film : « Il nous interroge sur le fait que tout est lié, les êtres humains les uns aux autres et chacun de nous à la Terre[1]. » Les peuples indigènes ainsi que les sorcières partagent cette même croyance : tout est relié. Tout est un. « *Mitakuyé oyasin* », disent les Indiens Sioux du Lakota. Oui, nous sommes tous reliés. En prenant soin de moi, je prends soin du tout. En agissant sur moi, j'agis sur le tout. Le mal que je fais impacte le tout, c'est donc à moi que je le fais également. Le bien que je fais impacte le tout, tout autant. Tout ce qui est dans la nature (et donc nous-mêmes, puisque nous sommes de la nature) est interdépendant. Notre responsabilité est globale et immense. Il s'agit de prendre conscience que tout ce que nous faisons, disons, pensons même, a un impact sur le monde. La physique quantique confirme cette idée : le lien énergétique est global. Comme si nous vivions au sein d'une trame immense reliant toutes choses. C'est le fameux battement d'ailes du papillon qui peut déclencher un cataclysme à l'autre bout du monde… La magie consiste juste à actionner l'un des fils de la trame afin d'avoir une action à distance sur celle-ci. C'est simple, naturel. Et pourtant, cela nécessite un engagement de tout notre être. Une attention, une vigilance, une présence.

1. notre-planete.info, 27 janvier 2010.

J'ai demandé à la lune…

L'exemple le plus marquant, selon moi, concerne la lune. Dans ce monde immergé au cœur de la nature, il est clair que plusieurs éléments jouissent d'un statut singulier : c'est son cas à elle. Si j'ai bien conscience de sa présence, lorsque je suis à la campagne, les choses sont moins nettes lorsque je suis à Paris. J'ai donc pris l'habitude de noter les principales étapes du cycle lunaire sur mon agenda, afin d'en tenir compte, voire de les célébrer à ma manière. Impossible, en effet, de parler des sorcières sans évoquer de tels cycles, lesquels vont rythmer leur vie, leurs rites, leur énergie. D'où l'importance des esbats, qui constituent les célébrations qu'elles font lors de la pleine lune : comme la lune est pleine environ treize fois dans une année, il y a donc treize esbats. Ces célébrations mystérieuses marquent un point culminant pour l'utilisation de leurs pouvoirs magiques. Selon elles, quand on veut entreprendre une tâche importante ou difficile, il est préférable de s'aider de la puissance lunaire. Le rite de la pleine lune sera accompli la nuit et, lorsque c'est possible, face à la lune. Pour ce rituel, seront disposés sur un autel quelques biscuits en forme de croissants, des fleurs blanches, de l'argenterie, voire une boule de cristal. Les sorcières utilisent parfois aussi un chaudron, ou un bol blanc ou argenté rempli d'eau et où a été déposée une pièce d'argent ; des chandelles argentées sont allumées ainsi qu'un encensoir. Elles peuvent alors réciter une formule consacrée, destinée à se connecter à la lune et son énergie :

« Merveilleuse Dame de la lune
Tu accueilles le crépuscule par des baisers d'argent ;
Maîtresse de la nuit et de toutes les magies,
Tu chevauches les nuages dans les cieux obscurs
Et répands la lumière sur la terre gelée ;
Ô Déesse lunaire,
Créatrice et destructrice d'ombres
Révélatrice des mystères présents et passés
Souveraine des femmes et amante des mers ;
Lune mère qui est toute sagesse,
Je salue ton céleste joyau
À l'apogée de sa puissance
Par un rite en ton honneur.
Je prie sous la lune,
Je prie sous la lune. »

Ressentir par son corps

Pour moi, il s'agit avant tout de me connecter à la nuit, aux cycles de la lune qui rythme nos vies, de me rappeler que je suis une parcelle d'un grand ballet. Traditionnellement, la lune invite à la réflexion, à l'introspection, au mystère, peut-être parce que c'est un astre nocturne, et que la nuit nous porte davantage au silence et à l'écoute. Lorsqu'elle est pleine, gironde dans le ciel, je le vis comme un moment de joie mais aussi de choix : Vers quoi ai-je envie de diriger mon pouvoir ? Qu'ai-je envie d'obtenir ? Qu'ai-je envie de célébrer ? Une attention douce aux mouvements de l'astre, mais aussi à ceux de la nature qui nous entoure, nous aide à développer également la clairsentience (littéralement, la sensation claire), c'est-à-dire la connaissance par le corps, par le ressenti. Cette perception plus grande de ce qui est extérieur à nous aide à calmer nos ruminations, à mieux ressentir la vie. Sans commentaire ni jugement. À partir du moment où l'on prend conscience qu'une intelligence plus vaste que notre mental est à l'œuvre dans le monde, incluant aussi bien l'intellect que les sentiments et autres sensations, rêves, émotions, désirs, images et impression, il devient intéressant d'essayer de faire des liens entre ce qui se passe en nous et à l'extérieur de nous. De prendre note des variations de nos humeurs et de nos envies, de nos flux et reflux, en tenant compte aussi des éléments extérieurs comme la météo, le rythme des saisons, les cycles de certaines planètes. Cela permet de développer le sens de sa propre puissance intérieure. Je suis assez vigilante aux cycles de la lune, veillant à ne pas prévoir des choses trop énergivores lorsqu'elle est descendante car elle est alors censée favoriser l'introspection, réservant les moments plus intenses aux lunes montantes qui seraient plus dynamisantes. Les soirs de pleine lune, en général, c'est fête ! Mais pas tout le temps non plus, et lorsque je suis déconnectée de la nature par un travail à terminer ou un événement à gérer, j'en prends vite conscience : impossible pour moi de dormir cette nuit-là ! Surtout à la campagne, où ma maison est posée en pleine nature, entre ciel et terre, sans béton ni étage pour m'en séparer. Alors je vis et je vibre à son rythme. J'ai peur parfois qu'elle ne me balaye comme un fétu de paille, lorsque le vent se lève et que la tempête fait rage. Mais en général, nous vivons en bonne harmonie. J'en prends soin, je l'honore, je l'écoute, je reste un témoin fasciné par sa beauté. Elle prend soin de moi aussi, m'apaise, me nourrit grâce à mon jardin ou à mes cueillettes de plantes sauvages, se transforme saison après saison et illumine ma vie.

Auprès de mon arbre

Car c'est bien au sein de son territoire, son royaume, son espace d'initiation, d'invention et de création, que la sorcière va s'inventer, se terrer, rire, construire et jardiner – ou apprendre à jardiner – pour se créer son jardin de curé ou son jardin mandala[1], histoire *a minima* de faire pousser ses plantes médicinales. Elle peut vivre dans une petite maison sans ostentation, à l'abri des regards, dans une cabane en haut d'un arbre, ou bien dans une yourte, une roulotte, une *tiny-house*. Peu importe, c'est son royaume, son lieu d'expression, celui où elle apprend à travailler le bois, la vannerie, la terre, la pierre, où elle expérimente ses recettes, sa cuisine de sorcière.

C'est certain, les sorcières ont toujours vécu en marge du monde, même si elles n'ont cessé d'interagir avec lui. Un choix de vie aujourd'hui revendiqué mais nettement plus facile à appliquer, car il existe

1. Un jardin de forme ronde, élaboré selon les principes de la permaculture qui seront évoqués ultérieurement.

dorénavant nombre de solutions et de propositions pour vivre en autarcie sans être confinée dans une cabane humide au fond des bois… En choisissant soit un mode de vie durable, soit même l'autosuffisance, il devient possible de vivre davantage au cœur de la nature tout en la respectant.

Être autosuffisant signifie que l'on parvient à subvenir à l'ensemble de ses besoins à partir des ressources disponibles sur le territoire où l'on se trouve. Autrefois, ce mode de vie était extrêmement répandu. Avant que ne se développent les infrastructures de communication qui constituent les bases de notre économie actuelle, les gens devaient vivre avec ce qu'ils pouvaient trouver au sein d'un territoire restreint. Les choses fonctionnent encore ainsi dans de nombreuses régions du monde. Sous nos contrées, nous n'avons plus besoin de tout faire nous-mêmes. Ce n'est pas en soi un problème, sauf lorsque cela nous rend dépendants de l'extérieur, que cela favorise la surconsommation et abîme la planète. Adopter un mode de vie durable est différent du fait d'être autosuffisant, car cela consiste à ne consommer qu'une part raisonnable des ressources (toute la question étant de l'endroit où l'on place le curseur de « raisonnable »). Au risque de voir celles-ci se raréfier, ce qui risque d'engendrer une augmentation de nos factures énergétique et alimentaire, il nous faut repenser notre façon de vivre et surtout de faire nos achats dans le sens de la responsabilisation et de la limitation. Chacun va finalement être de plus en plus contraint d'avoir un comportement durable, voire d'atteindre un certain degré d'autosuffisance. Cette dernière implique nécessairement un comportement durable puisque l'on essaie de produire ce dont on a besoin. En revanche, il est possible d'adopter un mode de vie durable – notamment, en consommant avec parcimonie – sans être entièrement autosuffisant.

Jardin des simples

Au-delà de la maison, le jardin (aussi bio que possible) est un enjeu pour les sorcières en herbe, car tenter de subvenir à ses besoins en simples (les plantes médicinales) comme en plantes alimentaires, donc être aussi peu que possible dépendantes du monde environnant, est un challenge qui séduira nombre d'entre elles. D'autant que rien ne vaut un produit frais consommé immédiatement après sa récolte. Un vrai gage de qualité et de santé ! Dans une propriété pensée comme une île de Robinson Crusoé, le jardin devient comme une île, les outils ainsi que l'essentiel du matériel représentant ce qui a été récupéré du naufrage (ou plutôt de sa vie passée) : quelques planches ou bordures en bois, un parcours pour des poules, éventuellement des ruches, un espace pour le compost, un tunnel pour protéger certaines plantes du froid… en fonction de ses envies et de ses besoins, le défi consistant à se nourrir et à améliorer la terre avec le minimum d'apports extérieurs. Les principes de base de la permaculture ont toujours été ceux de ces personnes ayant pris l'habitude de vivre en marge du monde, même s'ils ont été formalisés plus récemment, soit dans les années 1970 en Australie, par Bill Molisson et David Holmgren : ce système conceptuel est inspiré du fonctionnement de la nature, laquelle crée des écosystèmes harmonieux et durables, depuis des milliers d'années. Permaculture signifiait, à l'origine, « agriculture permanente » ; puis le concept s'est élargi pour devenir « culture permanente », au sens de durable. La permaculture cherche à concevoir des installations humaines harmonieuses, résilientes, économes en travail comme en énergie, à l'instar des écosystèmes naturels. Elle repose sur un principe essentiel : positionner au mieux chaque élément de manière qu'il puisse interagir positivement avec les autres, créer des interactions bénéfiques, comme dans la nature où tout est relié. Il s'agit d'une vision holistique, organique du monde : faire avec peu, avec ce que l'on trouve autour de soi, ne rien perdre, ne rien jeter, ne pas gâcher, conserver, recycler, pour tout recommencer. Et le faire, autant que possible, sans extrémisme, ni radicalité. Selon son choix à soi. Ne pas se laisser dicter sa vie par une idée non plus, une image d'Épinal, un archétype puissant. Une cabane au fond des bois, il y a des personnes à qui cela va, à d'autres pas. À vous de décider !

La sorcière est une femme libre, responsable de son propre chemin. Pour vivre heureuses, vivons cachées, c'est certain, mais pas trop non plus ! L'important étant de trouver le juste équilibre (pour soi) entre ce que l'on produit et réalise par soi-même, et ce que l'on va acheter (ou récupérer) à l'extérieur. Dans tous les cas, le projet de réaliser un petit jardin de curé me semble enchanteur. Chaque sorcière pourra y faire pousser certaines des plantes médicinales dont elle peut avoir usage. Notons qu'il est même possible, pour la sorcière des villes, de faire une place à de telles plantations en bordure de fenêtre ou sur sa terrasse…

Chapitre 8

La guérisseuse

« Qu'est-ce donc qu'une mauvaise herbe sinon une plante dont on n'a pas encore découvert les vertus ? »

Raph Waldo Emerson[1]

Mais ne nous trompons pas. Au-delà de tout cela, avant tout cela peut-être, la sorcière est une guérisseuse : son domaine est celui des remèdes, des potions, des élixirs, des huiles essentielles, sans oublier les spagyries[2] issues de l'alchimie. Elle maîtrise le secret

---

1. Ralph Waldo Emerson, *Essays: First Series*, CIPP, 1841.

2. Il s'agit d'un mode complexe de préparation des plantes au cours duquel leur potentiel curatif énergétique se développerait. Pour le spagyriste, la plante n'est pas seulement une source de nombreux principes actifs, dont certains peuvent être extraits, elle possède également une force thérapeutique cachée, qu'il est possible de libérer et même de potentialiser par un procédé issu de l'alchimie.

des plantes de pouvoirs, celles qui permettent de voir au-delà des apparences, tels la célèbre mandragore ou bien certains champignons. Elle apprend au fil de temps à les utiliser, à les recommander, à les partager. Il s'agit d'un savoir qui peut s'échanger mais doit avant tout s'expérimenter. Vous savez, nous savons tous, de manière intuitive, ce qui est bon pour nous. Les sorcières ont fait un art de ce savoir-là. Guérir, dans ce contexte, n'appartient pas au monde du contrôle et de la peur, mais bien à celui du déplacement des énergies et des savoirs ancestraux. Cet acte est basé sur le prendre-soin, non sur la mécanique, qu'il s'agisse de guérir le corps, le cœur ou l'esprit.

Pendant longtemps, ces domaines étaient sous la responsabilité des femmes. Elles accompagnaient les accouchements, maîtrisaient les naissances, mais pas seulement : on sait, par exemple, que la médecine à Francfort entre 1300 et 1500 était majoritairement exercée par des femmes (qui étaient aussi les seules à pratiquer des césariennes). À partir du moment où leurs savoirs ont été contestés et où une lutte de pouvoir s'est engagée pour le leur confisquer, ces femmes ont néanmoins poursuivi leur chemin, celui de la guérison, du prendre-soin, utilisant ce qu'elles trouvaient autour d'elles afin de soigner : les plantes, les énergies, les pierres, la prière… accumulant au fil du temps un savoir empirique impressionnant qui ne peut que nous émerveiller aujourd'hui, ainsi qu'une connaissance et une compétence dans la relation à l'autre vraiment inspirante. Tout cela évoquant la notion anglo-saxonne du *care* en tant qu'éthique du lien et du soin.

Qu'est-ce que le *care* ?

Remise en avant par la philosophe et psychologue Carol Gilligan dans les années 1970, *via* la voie du féminisme, cette notion était pourtant antérieure et nullement genrée : elle rendait compte d'une attitude médicale spécifique, à destination universelle. Le pédopsychiatre et psychanalyste Winnicott[1] l'a aussi théorisée, plutôt vers la fin de sa vie, mais elle aura été le fruit de son parcours d'analyste. Alors que la cure est une tentative d'éradication de la maladie, visant à guérir et pas seulement à soigner, le *care*, lui, sous-entend autre chose : l'importance de la relation entre le soignant et le soigné, la confiance présente, mais surtout un sentiment d'égalité malgré la dépendance, et même une vision active de cette dépendance, au sens où il s'agit de pouvoir « s'appuyer sur ». Le *care* fait écho au vivant d'un soin, un soin vécu par les deux acteurs, à un échange qui se crée sans hiérarchie aucune. Non que les deux soient similaires. Pour le soignant, il s'agit d'une posture singulière, parfois complexe : soigner ne s'apprend pas seul ; c'est la suite d'un long processus relationnel, d'une longue chaîne de savoirs, d'expériences et de partages multiples. Il faut des années et des années, voire des siècles et des siècles de soin des hommes, de souci de soi et des autres, pour façonner l'art d'accompagner la vie. Les valeurs du *care* peuvent, néanmoins, largement dépasser la sphère médicale pour devenir un ensemble de valeurs

1. Donald W. Winnicot, né en 1896 et mort en 1971.

sociales, où la prévenance, la responsabilité, l'attention, la compassion, sont valorisées. Le *care* nous rappelle que nous avons besoin des autres comme ils ont besoin de nous.

La magie des plantes

La puissance des sorcières ne se limite pas à cette posture du soin plus respectueuse et égalitaire. Elles maîtrisent également le monde qui les entoure, en particulier celui des végétaux. Sans plante, pas de guérisseuse… En plus des plantes de nos potagers et des plantes comestibles sauvages, il existe dans nos champs et nos bois une multitude d'herbes et de fleurs, régulièrement utilisées en magie blanche, la plus recherchée étant, sans nul doute, la célèbre mandragore. À mesure que la société occidentale empruntait les chemins de la technologie, nous avons, un temps, perdu de vue le rôle essentiel que ces plantes ont joué dans l'histoire de la médecine, sur de nombreux plans, physique comme spirituel.

À notre époque, le mauvais usage de certaines drogues extraites de végétaux tels que le café, l'alcool, la cocaïne ou encore le tabac est un véritable fléau. Rappelons-nous pourtant qu'à l'origine la plupart de ces espèces psychotropes[1] ne servaient que dans un contexte rituel, lié à la quête du sacré. Hors de leur environnement culturel originel, ces plantes – et leurs dérivés – se sont avérées néfastes pour les cultures

1. Capables d'agir sur le psychisme.

qui les ont transplantées. Elles ne peuvent en effet être séparées du tissu de connexions innombrables, complexes et subtiles, fait de croyances religieuses et de pratiques rituelles et thérapeutiques, auquel elles appartiennent…

D'ailleurs, la conception relativement limitée du remède végétal appartient en propre à l'Occident contemporain. Ailleurs dans le monde, tout comme chez les sorcières d'hier et d'aujourd'hui, les vertus attachées aux plantes médicinales englobent souvent d'autres facultés, comme celles de rendre amoureux, de faire aboutir une transaction, d'apaiser les ancêtres ou toute autre chose inhabituelle, sacrée et liée aux pouvoirs magiques. La notion de remède fait ici référence au pouvoir de maintenir, de restaurer (ou même de déranger) l'harmonie inhérente à une personne, un endroit, voire un objet. Il n'existe également aucune distinction entre plantes médicinales et alimentaires, vu que beaucoup d'espèces telles que le maïs, les piments ou la sauge servent aux deux usages. Loin de se limiter à des objets dotés de caractéristiques chimiques et symboliques utiles, les plantes sont perçues comme des êtres vivants, intégrés dans le tissu culturel des groupes sociaux où elles restent indissociables de l'idée d'équilibre et d'ordre cosmique de ceux-ci. D'ailleurs, leur cueillette se fait à des époques précises et s'accompagne de prières et d'offrandes spéciales, leur préparation obéit à des règles, et diverses restrictions, entre autres alimentaires et sexuelles, leur sont associées. Les ingrédients précis de la tradition liée aux plantes médicinales varient d'une culture à l'autre et forment un riche et vaste éventail de systèmes médicaux. Ainsi, un herbier italien du XIVe siècle représente une plante baptisée *Herba corboboris*, que l'on utilisait pour traiter la colère et les séquelles des opérations chirurgicales.

De tout temps

Il n'empêche, l'usage thérapeutique des plantes, de manière restreinte ou plus holistique, est probablement aussi ancien que l'espèce humaine. L'analyse de pollen de fleurs trouvé en Irak dans une sépulture néandertalienne vieille de 60 000 ans a révélé la présence de guimauve, d'éphédra et de quatre autres plantes dont l'usage était probablement médicinal. Certains animaux même semblent en utiliser pour se soigner : on dit que les hirondelles appliquent du suc de chélidoine sur les yeux voilés de leurs petits, que les tortues mangent de la marjolaine lorsqu'elles ont été mordues par des serpents et que les belettes malades utilisent des fleurs de rue. Les chimpanzés de Tanzanie font de même : ils consomment une fleur du genre Aspilia pour calmer leurs maux d'estomac ; lorsqu'ils souffrent de problèmes intestinaux, ils mâchent puis sucent le jus des rameaux de *Vernonia amydalina*, une plante qu'ils évitent d'habitude à cause de son goût amer…

Chez les êtres humains, les plus anciens écrits témoignent de l'usage des plantes médicinales chez les Babyloniens, les Chaldéens et les Égyptiens… Les textes parlent de plantes de vie. Ils ont un sens profond du sacré, la médecine étant une magie où la symbolique trouvait quotidiennement sa place. Puis les Grecs (surtout après l'expédition d'Alexandre le Grand en Asie qui en rapporta de nombreuses plantes exotiques), les Romains, les Arabes menèrent des recherches sur les plantes médicinales. À partir de l'an 500, les moines et les nonnes créaient à travers l'Europe des jardins médicinaux où ils cultivèrent des plantes destinées aux soins : l'abbesse bénédictine et docteur de l'Église Hildegarde de Bingen[1], considérée aujourd'hui comme la sainte patronne des naturopathes, recommanda l'usage au XIIe siècle de nombreuses plantes thérapeutiques dans ses deux ouvrages *Physica* (*Le Livre des subtilités des créatures divines*) et *Causae et Curae* (*Les Causes et les Remèdes*).

Le Moyen Âge est aussi le triomphe de l'alchimie, certains alchimistes composant des philtres d'amour avec des plantes aromatiques. C'est l'époque de la théorie des signatures, qui établissait une analogie entre la forme, l'aspect de la plante et les organes ou les maladies qu'ils évoquent : on utilisait des noix pour les problèmes cérébraux, du curcuma contre la jaunisse. On voit aussi apparaître les eaux-de-vie et de nombreux remèdes végétaux préparés par les religieux, comme l'eau de mélisse des Carmes. Né à la fin du XVe siècle, Paracelse combinant l'alchimie, l'occultisme, l'astrologie eut des idées considérées comme très en avance pour son époque. Il ne cherche pas à réaliser de l'alchimie au sens courant du terme – transmutation des métaux, et production d'or –, il se concentre avant tout sur l'utilisation médicale et l'aspect philosophique, assimilant le processus

1. Hildegarde de Bingen est née en 1098 et morte en 1179.

de digestion à l'alchimie, science des cuissons et des maturations. Il établit les bases de la spagyrie, manière complexe de travailler les plantes, véritable biochimie avant la lettre.

De leur côté, dans la majorité des cas, les sorcières étaient des soignantes profanes au service de la population paysanne. Elles utilisaient les plantes de leur environnement (mais pas seulement, des pierres aussi, ainsi que des extraits animaux). Dans les prés et dans les bois, dans ces territoires qui étaient les leurs, elles trouvaient les ressources nécessaires leur permettant de vivre correctement et de mieux soigner, d'ajouter de la diversité à leur propre potager. Elles faisaient avec ce qu'elles trouvaient, progressant dans la connaissance de la nature et de ses secrets de manière empirique. Un tel savoir médical ne faisait que déranger les autorités. Trois principales accusations apparaissent de manière répétée dans l'histoire de la sorcellerie de toute l'Europe du Nord : celle d'être des femmes (et donc d'avoir une sexualité féminine), celle d'être organisée en groupes de femmes, et, probablement la plus étonnante, celle d'avoir des pouvoirs magiques affectant la santé, de lui nuire mais surtout de guérir. Un chasseur de sorcières anglais[1] soulignait ainsi que le terme *sorcière* ne correspondait pas seulement aux femmes qui tuent et tourmentent mais s'adressait alors aussi à toutes les bonnes sorcières, celles qui ne font pas le mal mais le bien, qui n'abîment ni ne détruisent mais sauvent et délivrent… Selon lui, il vaudrait mille fois mieux pour

1. Cité par Barbara Ehrenreich et Deirdre English dans *Sorcières, sages-femmes et infirmières*, éd. Cambourakis, 2015.

la terre que toutes les sorcières, et particulièrement les sorcières bienveillantes, meurent…

Des remèdes… diaboliques ?

Les plus pauvres avaient peu de recours face à la misère et à la maladie. L'Église leur enjoignait alors de se tourner vers le dogme, affirmant que l'expérience de ce monde est éphémère et sans importance, même si elle ne s'opposait pas aux soins médicaux donnés aux classes dirigeantes – ceux-ci étant d'ailleurs pratiqués par des hommes médecins (de formation universitaire) et parfois même des prêtres. Le problème était probablement celui du contrôle : les soins effectués par des hommes sous les auspices de l'Église étaient acceptables… mais pas ceux donnés par des femmes à des paysans. L'Église considérait cette lutte contre les soignant(e)s de la paysannerie comme une lutte contre la magie, non contre la médecine. Sa conviction était que le diable avait un pouvoir réel sur la terre, et l'utilisation d'un tel pouvoir par des femmes – pour le bien ou le mal – l'effrayait : plus leurs pouvoirs semblaient importants, moins elles étaient dépendantes de Dieu et de l'Église. Les remèdes magiques, même efficaces, semblaient donc constituer une interférence insupportable avec la volonté de Dieu, et la guérison elle-même était alors mauvaise. Pas de doute, le Seigneur se manifestait nécessairement par les prêtres et les médecins, et le diable par l'intermédiaire des paysannes porteuses de secrets que l'Église ne maîtrisait pas.

Il est vrai qu'elles connaissaient une foule de remèdes éprouvés par des années d'usage (et dont beaucoup ont aujourd'hui fait la preuve de leur réelle efficacité) : digestifs, antidouleur, anti-inflammatoires… Par exemple, l'ergot de seigle était utilisé contre les douleurs de l'enfantement[1], et certains de ses dérivés le sont encore pour lutter contre les crises migraineuses. Elles connaissaient les vertus de la belladone – une herbacée employée aujourd'hui comme antispasmodique – pour arrêter les contractions lors des fausses couches. Mais le fait même que leurs connaissances soient empiriques était un problème : elles se fiaient plus à leurs sens qu'à la foi ou la doctrine, croyant à l'essai et à l'erreur, à la cause et à l'effet. Leur attitude n'était pas passive mais recherche active. Par contraste, l'Église était profondément antiempirique : elle refusait toute valeur au monde matériel et se méfiait plus que tout des sens, qui étaient pour elle le terrain de jeu du diable. Difficile, donc, de concilier des positions si contraires.

Une médecine invasive et archaïque

Il est intéressant de voir où en était au même moment la médecine « officielle », alors que celle-ci se déchaînait – avec la complicité de l'Église – sur ces soi-disant sorcières… Remontons un peu en

1. Alors même que l'Église soutenait que celles-ci étaient le juste châtiment pour le péché originel d'Ève, et considérait qu'il ne fallait donc pas les soulager.

arrière : du Ve au XIIIe siècle, en effet, la position de principe, antimédicale, de l'Église (sous prétexte qu'il fallait être détaché des choses de ce monde) avait considérablement limité le développement de la médecine. Ce sont les contacts avec le monde arabe qui suscitèrent un renouveau d'intérêt pour de telles études. Et des écoles médicales apparurent dans les universités (fermées aux femmes dans la majorité des cas). L'Église imposa alors de stricts contrôles sur la nouvelle profession : les médecins ne pouvaient exercer sans un prêtre pour les conseiller, ni traiter un malade refusant la confession... Au final, le médecin (qui avait beaucoup étudié la philosophie et peu la médecine) avait peu de choses sur lesquelles s'appuyer pour traiter les patients. La saignée était pratique courante, en particulier dans les cas de blessures ou chez les femmes enceintes, tout comme l'usage des sangsues. Les incantations et les rites étaient considérés comme efficaces. Ainsi, le médecin d'Édouard II, qui avait un doctorat de médecine d'Oxford, prescrivit pour un mal de dents d'écrire sur les mâchoires du patient : « Au nom du Père, du Fils et du Saint-Esprit. Amen. » Un traitement courant de la lèpre consistait en un bouillon fait avec la chair d'un serpent noir provenant d'un terrain sec et pierreux...

Au même moment, les sorcières ont développé une connaissance du corps humain dans sa réalité charnelle (elles connaissaient les muscles et les os), ainsi que celle des herbes et des drogues. Paracelse même, considéré comme le père de la médecine moderne, avait choisi pour se former de parcourir l'Europe, collectant tout un savoir médical auprès de nombreuses sources : guérisseurs, sorcières, barbiers, moines, alchimistes, etc. L'intérêt d'un remède, disait-il, ne devait pas être évalué par sa conformité aux recommandations d'un livre ancien mais par « l'expérience » qui montrait son efficacité. Il finit par brûler son texte sur la pharmaceutique en 1527, expliquant qu'il « avait appris tout ce qu'il savait des sorcières ».

Une histoire encore en cours

Pourtant, petit à petit, cette association Église-État-médecins hommes finit par jeter l'opprobre général sur ces femmes soignantes (quand ils ne les ont pas brûlées) et sur leurs remèdes, les faisant passer pour ignorantes, passéistes et incompétentes. Les plantes mêmes seront longtemps considérées comme des remèdes de « bonne femme ». La pharmacopée chimique prétendit supplanter un temps toutes les autres thérapeutiques, avant de se trouver à son tour questionnée sur son efficacité et sur la dangerosité de ses effets secondaires, donnant un nouveau souffle à la médecine par les plantes : on estime aujourd'hui qu'un quart des médicaments prescrits sont à base de substances végétales ou de produits de synthèse reproduisant une molécule végétale ; et 80 % de la population mondiale (principalement dans les pays en voie de développement) a recours à des dérivés de plantes comme médicaments.

La littérature scientifique ne cesse de confirmer l'efficacité de certaines plantes. Pour autant, la médecine officielle cherche encore à freiner, ou à contrôler, voire à s'approprier, l'engouement pour les alternatives de santé naturelles. Les difficultés de reconnaissance de l'ostéopathie, de la naturopathie (variables selon les cultures et les pays) et des différentes médecines traditionnelles montrent bien que l'histoire est loin d'être achevée, même si l'adhésion de plus en plus forte du public amène les choses à évoluer. Rappelons, par exemple, que Maurice Mességué[1], l'un des spécialistes français de la phytothérapie – la médecine par les plantes – a été traduit 21 fois devant les tribunaux pour exercice illégal de la médecine, gagnant successivement chacun de ses procès[2]...

Le chemin le plus sage serait peut-être pourtant de sortir des luttes de pouvoir et de la volonté d'avoir raison, afin d'initier une approche intégrative où les différentes formes de soin auraient leur place, dans la complémentarité et le respect des différences des unes comme des autres. De nombreux pays vont dans cette

1. Né en 1921 et mort en 2017, Maurice Mességué est l'auteur de nombreux best-sellers, dont *Des hommes et des plantes* (Robert Laffont, 1970), traduit en 27 langues.

2. « J'aurai été un pionnier de la phytothérapie, proclame-t-il alors que la reconnaissance l'a rattrapé. Hier, je n'étais qu'un guérisseur, selon mes ennemis, un illégal qu'on accablait de procès... mais qu'on venait consulter en secret quand rien n'allait plus. Il a fallu un véritable bouleversement des mentalités pour qu'aujourd'hui l'art de guérir par les simples s'impose à tous » (*La Dépêche*, janvier 2008).

direction, et même en France de plus en plus d'expériences de groupements thérapeutiques d'un nouveau genre voient le jour, associant des thérapeutes de multiples formations et de différents paradigmes. Pour le plus grand bénéfice des malades.

Chapitre 9

L'intuition : s'ouvrir aux signes et aux synchronicités

« La Genèse n'est point achevée et il nous faut prendre conscience de nous-mêmes et de l'univers. Il nous faut dans la nuit du monde jeter des passerelles. »

Antoine de Saint-Exupéry[1]

Encore et toujours, quelle que soit la manière dont on le traite (ou le maltraite), l'instrument de base de la magie, le plus fondamental, essentiel, reste le corps, notre corps, perçu comme un tout, d'ailleurs. Tout ce qui est ressenti, vu, ou dont on fait l'expérience – même sur un autre plan, par exemple psychologique ou spirituel –, peut être traduit par lui en une réalité concrète, physique, qui nous impacte. Le corps est le

1. Antoine de Saint-Exupéry, *Citadelles*, Folio, 2000.

véhicule qui accueille toutes les énergies et forces dont nous avons besoin pour réaliser nos désirs. À travers lui, les choses peuvent être connues plus pleinement, plus authentiquement, que par le savoir unique qu'en a le mental. Il existe en Occident une dichotomie entre le corps et l'esprit. Nous sommes comme compartimentés. Le mental tout-puissant voudrait dicter sa loi au corps. Et nous avons souvent plus de mal à écouter les messages qui se manifestent au travers des symptômes physiques, de fatigue ou de douleur par exemple. Cette déconnexion de nos sensations, de nos émotions, fait qu'il est plus difficile d'avoir de l'intuition. Car l'intuition est justement un phénomène qui passe par le corps et les sens, non conscientisé et non verbalisé. Du moins dans un premier temps. C'est une information d'un type très particulier, se manifestant par une sensation, en lien souvent avec une émotion. Lorsque nous agissons par intuition, nous pouvons le faire en fonction d'un critère corporel : Est-ce confortable ou pas ? Mon corps ressent-il une tension ou bien un relâchement ? Est-ce que j'éprouve de la peur, de l'anxiété, de la joie, de l'enthousiasme ? Tout cela nous informe de ce que l'on vit intérieurement. À force d'y prêter attention, on apprend à reconnaître de telles manifestations. On entend son corps nous dire oui ou non. À nous de choisir de nous fier ou pas à de telles indications, de nous laisser guider par ce qui fait parfois sens pour soi.

Instinct et intuition

Dans notre quotidien, et selon les situations, notre corps peut nous répondre de deux façons : instinctivement et intuitivement. L'instinct est la part animale en nous qui, dans le corps, est chargée de réagir au danger et de sauvegarder notre santé ; il nous renvoie, du point de vue de la biologie, aux comportements et aux tendances naturelles, innées ou héréditaires des animaux ; il a une dimension plus physique, ancrée dans l'action. L'intuition est une autre façon de penser et de connaître les choses : elle englobe la pensée ordinaire et l'intelligence dans un ensemble plus vaste et plus pénétrant. Elle part aussi du corps où elle se manifeste par un sentiment, un rêve, ou juste une pensée incroyablement précise qui traverse l'esprit pour donner une information, un avertissement ou une simple phrase dont le sens ne nous éclaire pas nécessairement immédiatement mais peut se révéler quelque temps plus tard. Pour le sage indien Osho : « Quand le corps fonctionne spontanément, on appelle cela "l'instinct". Quand l'âme fonctionne spontanément, on appelle cela "l'intuition". Les deux sont au-delà de l'intellect, et les deux sont bons[1]. » Le principal problème face à ces deux fonctions – instinct et intuition – est qu'elles sont recouvertes et perturbées, chez la plupart d'entre nous, par notre conditionnement et nos peurs, lesquels masquent nos mouvements intérieurs spontanés… quand ils ne sont pas dépréciés ni

1. Osho, *Intuition*, éd. Almasta, 2010.

dénigrés. Pourtant, l'intuition peut nous enrichir considérablement.

Du dedans ou du dehors ?

Le mot *intuition* vient en fait du latin *intueri*, qui peut être traduit par « regarder à l'intérieur » ou « contempler ». On l'utilise en général afin de décrire des pensées ou des éléments venant spontanément à l'esprit sans réflexion : il constitue un mode de connaissance immédiat ne faisant pas appel à la raison. Nos intuitions sont probablement générées par l'association de perceptions intrasensorielles (provenant donc de nos cinq sens), de connaissances inconscientes et/ou de perceptions extrasensorielles (perçues en dehors des sens, des organes de la perception), non issues de notre mémoire personnelle mais d'une accumulation d'expériences, de savoirs et de conscience collective peut-être stockés quelque part dans notre environnement et qui semblent faire écho à une partie de nous. L'intuition intéresse de plus en plus les chercheurs en neuropsychologie, car ils perçoivent en elle la manifestation d'une sorte d'intelligence inconsciente, au potentiel insoupçonné, même si le débat s'intensifie entre les tenants des différentes hypothèses la concernant. La première est celle de l'« inconscient neuronal » qui est défendu par les neuropsychologues et les théoriciens du management : pour eux, l'intuition découle d'un fonctionnement hyperévolué de notre cerveau, capable de traiter de manière complexe des informations accessibles à notre inconscient. La seconde hypothèse est celle de l'intuition irrationnelle ou paranormale. Échappant à notre logique intérieure, elle signe la capacité de chacun à capter des informations disponibles à l'extérieur de soi, en provenance de l'inconscient collectif, voire d'une forme ou d'une autre de transcendance.

Notre corps sait

Voie du cœur, voie de l'âme. Finalement, peu importe la source des informations utilisée, l'on ne peut que le constater : notre corps sait. Cette affirmation ne peut manquer à la fois de nous interpeller et de nous rassurer, car nous en avons tous (plus ou moins) conscience. Notre corps sait, même si on ne sait pas de quel processus intérieur et/ou extérieur il tient un tel savoir. Nous pouvons juste constater que, lorsqu'on le laisse à son propre cheminement, il est miraculeusement juste dans sa manière de déterminer ce dont il a besoin, voire comment se le procurer. De la même manière que les animaux savent quelle plante sauvage manger, quand jeûner et à quel endroit de la terre se coucher pour bénéficier d'un « soin énergétique » adapté, notre corps aussi sait ce qui est bon pour lui. Parce que nous l'avons longtemps inhibé, parce que nous avons donné le pouvoir à d'autres de savoir à notre place, nous devons réapprendre à lui faire confiance, à nous faire confiance. Éveillé, le corps connaît, comprend et nous révèle le mystère de l'être à travers nous. Ce retour vers nous-mêmes est une question de disponibilité, de confiance et d'écoute au langage du corps.

Lorsque l'on est thérapeute, le corps est ainsi une véritable antenne qui nous informe en permanence de l'état de l'autre, de son bien-être ou de son inconfort, de son soulagement ou de ses réticences. Si le savoir peut se trouver dans notre tête, la connaissance se trouve au sein de notre organisme. C'est pour cela qu'il importe d'essayer d'être le plus disponible possible, à l'écoute, et que tout ce qu'il nous dit fait sens et message : une douleur, une gêne, une distance... C'est aussi pour cela qu'il importe de ne pas « noyer » de tels messages par des antidouleurs, des antidépresseurs ou en étant connecté en permanence, non sur sa conscience mais sur son smartphone ou sur la télévision allumée ! Le chaos du monde nous éloigne de nous-mêmes. Car si notre corps sait, il va chercher à s'exprimer, à nous informer de ce qu'il sait : le plus souvent, par des impressions vagues, mais aussi par des impulsions ou des messages plus ou moins clairs. Ou parfois, sous une forme plus spectaculaire d'intuition, appelée *insight*, comme si tout à coup, en l'espace de quelques secondes, nous avions accès à LA solution. Le tout accompagné d'un profond sentiment de certitude, de joie et de soulagement. On sait d'ailleurs que de tels feux d'artifice intuitifs sont à l'origine de grandes évolutions scientifiques : Albert Einstein, Henri Poincaré, mais aussi Archimède, Newton et bien d'autres témoignent ainsi avoir fait certaines de leurs plus grandes découvertes de manière fulgurante, à des moments où ils n'étaient justement pas en train de travailler, ni de faire de la recherche.

Écouter sa voix intérieure

Ces phénomènes ne manquent pas d'intéresser les chercheurs et de susciter de nombreuses études. L'une des plus connues a été réalisée par le Pr Antonio Damasio et publiée dans la revue *Science* (elle a d'ailleurs été reproduite de nombreuses fois). Elle s'appelle « Iowa Gambling Task » (IGT), ou test du jeu de poker. Sans entrer dans les détails, retenez que lors de l'expérience les jeux de cartes étaient truqués : il fallait d'ailleurs aux joueurs environ 50 tirages pour s'en rendre compte objectivement. Pourtant, dès le dixième tirage, la transpiration qu'ils sécrétaient indiquait que le système nerveux autonome était activé lorsque la main d'un joueur s'approchait du tas où les risques de pertes étaient trop importants : il savait intérieurement, bien avant son mental, que les jeux étaient pipés. Pour l'instant, l'on ne peut que constater le phénomène sans pouvoir l'expliquer. Ici aussi, il est probable que les progrès des connaissances en physique quantique nous aideront à en savoir davantage. Plutôt que d'un pressentiment ou d'intuition, les chercheurs préfèrent parler de « précognition », c'est-à-dire la capacité à savoir avant que l'information ne parvienne par les circuits internes « normaux » ou tout au moins connus à ce jour. Les chercheurs distinguent en effet plusieurs types de perception extrasensorielle :

- l'information reçue d'une autre personne (télépathie) ;
- l'information reçue à propos d'un événement, d'un endroit ou d'un objet (vision à distance

ou clairvoyance, audition à distance ou clairaudience) ;
- l'information reçue à propos du futur (les chercheurs séparent alors précognition pour les pensées, et prémonition pour les sentiments ou les émotions) ;
- l'information reçue à propos du passé (rétrocognition).

Tout cela est donc bien sérieux, et de plus en plus étudié. Nous n'avons pas fini d'être confrontés aux limites de nos croyances, afin de mieux les dépasser. En tout cas, ce dont les chercheurs sont sûrs aujourd'hui, c'est que notre intuition peut se travailler, comme un muscle. Certains livres peuvent y aider, c'est certain, mais le simple fait de travailler sur soi, de faire une thérapie, de se reconnecter à ses émotions et son ressenti, de prendre le temps de vivre et de respirer, nous aide à accéder à ces autres dimensions de soi-même. Une évidence pour la psychothérapeute jungienne que je suis, car pour le psychiatre suisse Carl Gustav Jung[1], l'intuition constitue une fonction essentielle du psychisme humain, en connexion avec les autres hommes (par l'intermédiaire de l'inconscient collectif) et même l'univers.

S'ouvrir aux synchronicités

Pour le fondateur de la psychologie analytique, l'intuition est « tout ce qu'il y a de plus normal, naturel

1. Né en 1875 et mort en 1961.

et nécessaire ». Messagère de l'inconscient, celle-ci s'exprime souvent sous forme de signes, d'images symboliques, parfois par le biais des rêves, afin de générer en nous de nouvelles idées et nous guider dans notre évolution intérieure. L'intuition constitue également, selon lui, la clé pour lire et utiliser au mieux les synchronicités. De quoi s'agit-il ? La survenue, comme il le dit, d'une « heureuse coïncidence », l'occurrence simultanée d'au moins deux événements qui ne présentent pas de lien de causalité, mais dont l'association prend une signification pour la personne qui les perçoit. Jung postule que ces hasards fortuits n'en sont pas, qu'il s'agit d'une forme d'accompagnement « universel » nous guidant dans une direction juste pour nous. Chacun d'entre nous en vit régulièrement : penser à quelqu'un et le croiser le jour même (alors qu'on ne l'a pas vu depuis des années), se poser une question et trouver la réponse en feuilletant un magazine chez son dentiste… On parle même dans certains cas d'« avalanche » de synchronicités ! Comme si la vie voulait alors nous dire quelque chose et insistait un peu lourdement ! L'observation des synchronicités de notre vie permet de prendre conscience avec un peu plus d'intensité de la nouvelle dimension de toutes les informations à notre disposition, comme si elles nous proposaient de moins penser raisonnablement pour nous ouvrir à d'autres dimensions de la vie. Toutes les pratiques d'ouverture de conscience sont les bienvenues pour augmenter ses chances d'en observer : méditation, mindfulness, yoga, contemplation, cohérence cardiaque… Tout ce qui nous reconnecte à nous-mêmes nous aide à devenir acteur(trices) plus conscients de notre environnement. Le fait de noter (sur un carnet, son agenda ou son livre des Ombres) les synchronicités dont on est témoin nous permet aussi de savourer avec encore plus d'appétence la magie de la vie. Il est aussi possible de « programmer » une réception de synchronicité : en faisant la demande sincère d'obtenir une réponse à une question ou une direction, et d'attendre, l'attention à l'affût, la réponse que la vie va donner. Je me souviens d'une femme expliquant lors d'un stage qu'encadrait le psychanalyste québécois Guy Corneau[1] qu'elle se demandait, alors qu'elle se rendait à son travail en voiture, si elle devait venir ou non suivre cet enseignement. Quelques minutes après s'être posé la question, une camionnette la double et s'arrête devant elle au feu suivant. Il était écrit dessus : « Bienvenue au garage Corneau ! » C'est souvent aussi simple que ça.

C'est aussi sur le principe de synchronicité que l'on se base lorsque l'on tire le Yi King, les runes ou les cartes, quel que soit le jeu utilisé. On se pose une question, ou l'on pose une question à quelqu'un, et l'on est à l'écoute de ce que la vie nous donne comme réponse, par l'intermédiaire du média que constituent le jeu de cartes ou les objets, avant d'en proposer une interprétation.

1. Né en 1951 et mort en 2017.

Un dialogue permanent entre le monde et nous

Cheminer sur le sentier de la magie revient ainsi à avoir en permanence un dialogue avec le monde visible et invisible, au cours duquel s'échangent questions, réponses et messages, de manière plus ou moins claire ou désordonnée, selon son propre état intérieur. La question n'est finalement pas d'où viennent les réponses. Elle est bien davantage : Celles-ci nous rendent-elles plus joyeux, plus libres, plus présents au monde ? C'est vrai que nous avons notre libre arbitre et que nous pouvons ne pas désirer tenir compte de tels signes. Pour ma part, j'aime obéir à ces signaux, à ces synchronicités, tout comme j'aime écouter mes rêves et en tenir compte. Cela fait trop longtemps que je fonctionne ainsi pour avoir le désir de changer. Oui, mon ego peut parfois se rebeller. Mais je ne souhaite pas trop aller contre le vent, contre le courant. À partir du moment où l'on s'engage dans un chemin d'exigence et d'authenticité, lorsque la vie semble nous dire oui, que de nombreux signaux semblent être au vert, il devient très difficile de revenir en arrière, de revenir à une vie normale où l'on n'en fait qu'à sa tête… ou plutôt qu'à son ego. Je le perçois d'ailleurs déjà à mon modeste niveau : maintenant que je mange de manière (très) qualitative, que j'assainis régulièrement mon énergie pour la rendre la plus fluide possible, que je travaille sur mes émotions afin de ne pas rester bloquée à leur niveau, il m'est devenu impossible non seulement de manger de la *junk food*, mais aussi d'être confrontée à des personnes (trop) négatives, voire de rentrer dans certains hypermarchés ! J'ai alors l'impression que mon énergie s'effondre et que je dois m'en aller rapidement. Tous les comportements négatifs (même ceux que j'initie moi-même à un moment où je suis moins vigilante, car je suis loin d'être parfaite), tels que colporter des ragots, dire du mal de quelqu'un ou mentir, génèrent dans mon corps un ressenti spécifique, une forme d'agitation, de léger malaise, que je choisis d'éviter autant que possible. « La façon dont nous sommes tenus par la trame fait que toute négativité nous blesse nous-mêmes ainsi que les autres. Et les effets en retour nous viennent en un rien de temps », rappelle la chamane Vicky Noble. Une autre manière de dire ce que nous répétait l'une de mes professeurs de psychologie, Nicole Aknin : « L'univers est une photocopieuse » ! Autant faire le choix de lui donner de jolies énergies à reproduire… Alors je choisis d'écouter ce que mon corps me dit, ce que le monde me dit. En m'ouvrant à mon intuition, que l'on qualifie de « sixième sens », j'ai le sentiment de me reconnecter au sens de ma vie, de jouer de manière plus juste ma partition, en me laissant moins influencer par mon ego, d'avoir moins peur aussi. Car je ressens alors que tout est à sa place, et que les difficultés, voire les épreuves, peuvent avoir un sens si elles s'inscrivent dans une trame plus grande que l'histoire de ma petite vie.

Chapitre 10

Au pays des énergies

« L'utopie n'est visible qu'à l'œil intérieur. »

Jorge Luis Borges

L'énergie est au cœur de la magie. Elle en constitue la base, la matrice, le moyen d'action. Si l'on devait en retenir une définition simple, l'on pourrait dire qu'elle est un jeu sur les énergies, celles de notre corps, en lien avec celles de la nature, en lien avec celles du cosmos. L'intention étant déjà d'harmoniser nos vibrations sur celles du cosmos afin d'ouvrir notre cœur : c'est ainsi que nous avons un levier d'action sur le monde, que nous pouvons changer les choses, les transformer, les alchimiser.

Il est difficile pour les Occidentaux que nous sommes de comprendre cette notion d'énergie ! Du moins dans un premier temps. Car ensuite, elle finit par tellement couler de source que l'on se demande comment l'on a pu faire à ce point de la résistance et croire que le réel pouvait se limiter à ce que nos yeux percevaient. Heureusement que la physique quantique est venue confirmer ce que de nombreuses traditions savaient depuis longtemps : le monde est constitué de faisceaux d'énergie qui s'attirent et se repoussent pour constituer la trame et la danse de la vie. Je pense que les sorcières avaient compris de manière intuitive cette réalité – même si leurs mots étaient différents – et étaient capables, à leur manière, d'interférer avec de tels flux. Ainsi, par leurs danses, les rondes en particulier, au cours des sabbats et lors des fêtes populaires, par leurs chants et leurs paroles « magiques », par leur joie, par leur vie au cœur de la nature, elles étaient capables de stimuler les mêmes champs que ceux que nous sollicitons de nos jours à l'aide de différentes pratiques dites « énergétiques » comme le taï-chi, le qi gong ou le yoga. D'ailleurs, les apprenties sorcières d'aujourd'hui ne manquent pas d'en faire bon usage, de prendre soin de leur vitalité et de leurs pouvoirs à l'aide de certaines de ces techniques plus « exotiques », la sorcière se devant d'être un vecteur de force et d'énergie aussi pur que possible, tous les moyens d'en prendre soin étant bons (et pertinents).

Au-deçà de la matière

On sait maintenant que la matière telle que nous la concevons (et même telle que nous la voyons) n'existe pas : chaque particule n'est qu'un gigantesque faisceau d'énergie placé dans un volume insignifiant. Les particules s'assemblent pour constituer des atomes, des molécules, des protéines, des cellules, des organes, des systèmes, des organismes comme le corps humain. On peut donc dire qu'avant même d'être chimique ou biologique l'être humain est énergétique. Notre corps est donc formé d'énergie, animé par l'énergie. Selon les civilisations, celle-ci a pris différents noms comme nous le verrons. Un réseau de canaux est alors chargé de la distribuer à tous les organes du corps : ce sont les méridiens et nadis qui se croiseront à des carrefours importants appelés « chakras » (des centres énergétiques essentiels dans la circulation de l'énergie). Il ne s'agit pas de croyances ésotériques. Au sein de cette énergie, il est clair que l'information – fréquence, modulation – est plus importante que la puissance, même si nous manquons d'appareils assez sensibles pour détecter ces minuscules courants électrochimiques traversant notre corps. Il a fallu longtemps pour comprendre les mécanismes – électrochimiques, eux aussi – de l'influx nerveux, pourtant bien ressenti lorsqu'on se cogne le petit doigt de pied ! Il semble néanmoins possible, aujourd'hui, d'objectiver l'existence d'un tel champ énergétique, lequel ferait un halo autour de notre corps, par l'intermédiaire de diverses techniques. En 1939, les clichés de la photographie Kirlian (ou effet Kirlian), mise au point par le couple russe Kirlian, sont les premiers à rendre visible la présence d'une telle aura lumineuse. Par la suite, ces travaux ont été poursuivis par l'Américaine Thelma Moss et le Français Georges Hadjo. Ces dernières années, d'autres instruments hypersensibles se sont développés : par exemple, le magnétomètre SQUID (*superconducteur quantum interférence device*) est, lui aussi, capable de détecter d'infimes champs biomagnétiques autour du corps physique.

Mais au-delà du débat sur la manière dont notre champ énergétique pourrait être perçu, le plus important est surtout de comprendre que cette énergie doit être fournie en permanence à chaque être humain pour qu'il puisse continuer à vivre. Par sa célèbre phrase : « La vie est née de l'énergie, elle est entretenue par l'énergie et elle meurt en l'absence d'énergie », le chercheur russe Georges Lakhovsky nous rappelle ainsi que le corps humain a besoin d'un apport d'énergie constant pour perdurer et qu'en l'absence de celle-ci la vie s'arrête immédiatement.

De multiples sources

Dans le corps humain, l'énergie originelle procéderait de diverses sources, variables d'ailleurs selon les auteurs : l'énergie reçue de nos parents à la naissance[1], les aliments, l'oxygène de l'air, l'environnement naturel[2], le principal étant de savoir recharger son énergie afin de rester en santé et vitalité, nos réserves glandulaires (qui fait référence au système endocrinien composé de glandes endocrines associées à des

1. On parle d'énergie ancestrale : elle serait fournie à chaque être humain à la naissance et serait variable d'une personne à l'autre.

2. Les énergies cosmiques et telluriques proviendraient de notre environnement proche et lointain.

hormones) et nerveuse constituant notre « batterie énergétique ». L'énergie vitale pénètre dans le corps par la peau et les yeux (dans les deux cas grâce à l'exposition solaire), les poumons (pour l'air), le tube digestif (par l'intermédiaire des aliments : une alimentation biologique à dominante crue apportant davantage d'énergie de qualité qu'une alimentation industrielle qui va au contraire prendre dans nos réserves énergétiques afin d'être digérée). La pratique de certaines activités énergétiques contribue à la stimuler et à favoriser sa circulation au sein même de l'organisme, sans y apporter de l'énergie complémentaire : « Le *qi* n'est pas une sorte d'énergie solaire qu'il s'agirait de capter, sourit le docteur Liu Dong[1], maître de qi gong en France. Le but d'une pratique énergétique n'est pas d'apporter un carburant mais de communiquer avec le cosmos pour produire de la joie. » Cette vision fait écho à la mienne : je nous perçois comme une sorte de diapason qu'il faudrait réharmoniser avec régularité afin de ne pas perdre notre fréquence fondamentale, entre terre et ciel. De nombreuses pratiques peuvent y contribuer : le yoga, en particulier le yoga de la Kundalini – il vise à l'éveil de conscience de soi par la maîtrise de l'énergie de la Kundalini, par des postures, des techniques de souffle, de « bandhas » (contractions) et la récitation de mantras et de chants –, certaines approches bouddhiques qui ont beaucoup travaillé sur ses notions et nous en apportent une connaissance incroyablement puissante, même si, me semble-t-il, les chants

1. Auteur de *Qi gong. La voie du calme*, éd. Grancher, 1998. Interviewé dans *Psychologies*, mai 2004.

grégoriens et de nombreux autres, religieux (ou pas), la musique, participent de cette même intention. Non pas pour nous remplir mais bien pour nous ouvrir à une autre vibration afin de nous aider à mieux ressentir, maîtriser et canaliser ce monde de l'énergie.

Le monde du *chi*

Depuis plus de 4 000 ans, les Chinois travaillent ainsi sur un système d'énergie subtile qui court à travers tout le corps et qu'ils nomment « les veines du dragon » (nous parlons, nous, de « méridiens »). Le flux d'énergie qui circule dans ces canaux est appelé « *chi* » ou « *qi* », au Japon, « *ki* », en Inde, « *prana* ». Mais pour les Asiatiques, le *chi* est bien plus que l'énergie. Quand on en parle, on évoque aussi le souffle, la vibration et la vitalité qui nous animent. Les taoïstes ont, au fil des siècles, remarqué que, quand le corps était déséquilibré, certains points sur la peau devenaient très sensibles : ces points – il y en a plus de 300 – sont connectés grâce aux méridiens et sont connus pour être les points d'acupuncture ou d'acupressure, qui peuvent être stimulés par le massage, la pression ou en les piquant. Il est aussi possible d'atténuer leur excès d'énergie en faisant circuler celle-ci, en la dispersant.

Les Asiatiques considèrent aussi les points d'énergie comme des ouvertures sur l'univers : selon eux, plus leur perméabilité est grande, plus les forces cosmiques peuvent interférer avec nous. L'un des points principaux du travail énergétique consistera à amener le corps à être, autant que possible et en tous cas, de plus en plus, en harmonie avec l'univers. Être capable de sentir ce flux d'énergie subtile est la base du travail énergétique taoïste ou ayurvédique. Il est intéressant de s'intéresser à ces derniers car il s'agit de référentiels bien documentés, là où la magie a toujours davantage relevé de la tradition orale avec les pertes importantes d'information que cela suppose au fil du temps.

Les méridiens et les chakras

Notre énergie vitale serait distribuée par un système de canaux – les méridiens –, de la même manière que le système nerveux ou le système sanguin. La tradition hindoue (dite « védique ») rapporte que ce système de distribution comporte des milliers de vaisseaux qu'elle nomme « nadis ».

En sanscrit, *nadi* signifie « tuyau », « réceptacle » ou « veine ». Les nadis sont considérés comme des « artères subtiles » véhiculant le *prana*, ou énergie vitale, à travers le corps subtil. Ils se répartissent en canaux principaux qui se ramifient en vaisseaux secondaires et tertiaires. Dans les textes indiens et tibétains anciens, on parle de 14 nadis principaux et 72 000 nadis secondaires. Les plus importants sont Sushumna, Ida et Pingala. Dans la tradition védique, le Sushumna, appelé « canal central », a une fonction majeure. Il traverse le corps verticalement en englobant la colonne vertébrale et véhicule la force de vie, la Kundalini : c'est elle qui anime le corps physique, faisant la différence entre un être vivant ou mort. Elle serait notre lien avec le ciel et la terre, et viendrait du ciel et de la terre. Les nadis principaux se croisent à des carrefours importants nommés « chakras ».

Les Indiens furent les premiers à décrire et étudier les principaux chakras qu'ils considèrent comme des centres de transformation et de régulation de l'énergie de vie, ainsi que des portes d'entrée et de sortie des énergies entre l'intérieur d'un individu et son environnement. *Chakra* est un mot sanscrit signifiant « roue », car, selon eux, les chakras tournent comme de mini-tourbillons permettant l'entrée du *prana*, c'est-à-dire des énergies cosmiques et telluriques. Les chakras peuvent être plus ou moins ouverts, en fonction du vécu et de l'évolution de chacun.

Il y aurait de nombreux chakras sur l'ensemble du corps : sept principaux selon les enseignements traditionnels, et d'autres secondaires. Chaque chakra est associé à à une glande endocrine (donc à une hormone), mais aussi à un organe, une couleur, un sens, un élément, une fonction, une note de musique, un jour de la semaine, une planète du système solaire, une pierre… pour ne citer que les principales correspondances. Il va donc être possible d'agir dessus afin de l'ouvrir au mieux, d'optimiser sa fonction, ainsi que celle de l'organe correspondant.

Concilier le yang et le yin

Dans le principe du Tao, l'énergie, qui n'est pas matérielle, appartient au principe yang, même si elle peut être très douce ou souple. La matière dense relève du principe yin. Un corps sain (yin) est capable d'attirer et d'absorber l'énergie ou la vitalité (yang). Plus il est sain, plus il peut attirer et emmagasiner l'énergie. Aussi, de tout temps, qu'il s'agisse des lamas, des sorcières, des druides, toutes les personnes en contact avec les énergies ont veillé et veillent à avoir un mode de vie le plus impeccable possible. Cela explique aussi que la quasi-totalité des pratiques de magie débutent par une pratique de détoxination des personnes (par l'intermédiaire d'un jeûne le plus souvent ou grâce à l'utilisation de certaines tisanes) et par un nettoyage précis des lieux.

Du fait de leur nature yang, les hommes ont davantage de difficulté à se mêler et à s'abandonner au grand vide du Tao, du Nirvana ou… du nom que vous souhaiterez lui donner ! Ils ont d'abord besoin de générer un haut niveau d'énergie dans leur corps pour accepter de percer cette carapace yang qui protège leur yin intérieur, sensible et vulnérable. Pour la femme, c'est différent : si elle active trop de yang et génère en excès une énergie extravertie et dominante, son essence féminine s'amoindrira, et il lui deviendra plus difficile d'entrer en contact avec sa vraie nature, qui est yin, c'est-à-dire dans l'ouverture et la réceptivité. C'est une approche féminine de l'existence, qui signifie que l'on est capable de vivre en profonde communion avec le monde extérieur, prête à se laisser toucher et inspirer par la vie, à recevoir les idées, les ressentis, les humeurs d'autrui aussi. Pour y parvenir, pour composer avec cet état yin réellement sensible, il importe d'avoir des capacités de centrage, voire d'autoguérison : par le retour sur soi, en étant vigilante aux contacts que l'on a, et en particulier sexuels... Toute la question de l'énergie est une fois de plus celle de l'équilibre en toutes choses.

Prendre soin de son énergie

« On ne perd pas la bonne santé à cause de la maladie. On est malade à cause du fait que l'on n'est pas en bonne santé » est-il écrit dans le *Huang Ti Nei Ching*, l'un des plus anciens textes médicaux chinois. Le message est clair : un mode de vie conscient et une juste pratique doivent prévenir les déséquilibres responsables de l'affaiblissement du corps. D'une manière générale, l'énergie vitale se recharge au contact de la nature : la terre, l'air, l'eau, la lumière, la beauté, mais aussi en la présence d'autres personnes que l'on aime, celle des animaux, ou encore avec le sommeil. Certaines pratiques comme le reiki ou le magnétisme (apporté par un magnétiseur) peuvent aussi nous aider à nous « recharger ».

Notez d'ailleurs que ces différents systèmes de référence sont largement compatibles entre eux : une perturbation au niveau d'un chakra entraîne en effet systématiquement un trouble énergétique sur les réseaux nerveux et hormonaux reliés aux organes, aux muscles, aux tendons… en rapport avec chacun d'eux, lequel va également impacter le méridien qui les traverse. Par exemple, un trouble sur le plexus solaire (3e chakra) peut engendrer des brûlures d'estomac ou des troubles pancréatiques (hypoglycémie, diabète…). Ce qui est aussi valable *a contrario* d'ailleurs : une perturbation physiologique aura un impact sur le chakra correspondant. Par conséquent, si la dysharmonie d'un chakra peut produire un dysfonctionnement organique ou autre, il semble évident que sa réharmonisation soit susceptible de rétablir le bon fonctionnement de l'organe (ou du groupe d'organes) associé(s), ainsi que d'équilibrer la circulation dans le méridien afférent…

Parallèlement, nous chercherons également à dénouer et débloquer les énergies à l'aide d'exercices dits « énergétiques ». Qu'il s'agisse du taï-chi-chuan ou du qi gong, leur philosophie repose sur les leçons de sagesse taoïste : « Céder et vaincre, plier et se dresser », écrivait Lao-Tseu. « Raide et inflexible est le principe de la mort, doux et soumis est le principe de la vie[1]. » En Inde, ce sera le yoga qui prendra soin de cet équilibre singulier, entre le corps et l'esprit, le masculin et le féminin, le cerveau gauche et le cerveau droit… D'ailleurs, le hatha yoga, le plus connu aujourd'hui en Europe, vient du mot *ha* signifiant « le soleil » et *tha* signifiant « la lune ». Il souligne ainsi l'union de ces paires d'opposés si chère à Jung, du jour et de la nuit, de la tension et du relâchement.

1. Lao-Tseu, *Le Livre de la voie et de la vertu*, traduction Stanislas Julien, Paris, Imprimerie Royale, 1842.

Chaque posture y est l'occasion d'un étirement, d'une flexion ou d'une torsion qui favorisent la flexibilité de la colonne vertébrale et assouplissent les articulations, activent les flux sanguins et nerveux, mobilisent les organes et alignent le corps. « La voie que propose le yoga est celle de l'écoute et du respect de soi. C'est aussi celle du changement car, au fil de la pratique, tandis que la rigidité fait place à la fluidité, on découvre l'étonnante plasticité du corps et de l'esprit », s'enthousiasme Thierry Janssen[1].

Au fil du temps, chacun apprend ainsi à prendre soin de son énergie, à limiter les contacts avec les lieux énergivores (pour ma part, impossible d'assister à un salon professionnel ; dans de tels espaces, j'ai le sentiment de me vider littéralement et assez rapidement), les situations délétères (comme le stress en particulier), les personnes qui semblent nous en faire perdre, tout en prenant soin de la préserver et de la recharger avec régularité. L'immersion dans la solitude peut être un moyen d'y accéder.

---

1. Thierry Janssen, *La Solution intérieure*, Fayard, 2006 ; Pocket n° 13062.

Chapitre 11

La richesse de la solitude

« La solitude n'est pas l'absence de compagnie mais le moment où notre âme est libre de converser avec nous et de nous aider à décider de nos vies. »

Paulo Coelho[1]

Être seule. Sortir du brouhaha du quotidien et du divertissement du monde. Chercher son essentiel, c'est-à-dire, littéralement, « ce qui constitue son essence » et que l'on ignore très souvent. La solitude, la vraie, va nous permettre d'y accéder sans tricher. Renoncer (un temps) à toutes ces relations qui peuvent constituer autant de chaînes si l'on n'y prend pas garde, si l'on ne fait pas attention. Quitter le dire, le faire, l'espace de représentation. Rentrer en soi presque malgré soi. Car nos résistances à nous isoler sont nombreuses et puissantes.

1. Paulo Coelho, *Le Manuscrit retrouvé*, Flammarion, 2013.

Le passage, l'entrée en solitude est difficile à accepter. On peut la vivre comme un rejet, une honte, un échec – ai-je donc si peu d'importance pour les autres qu'ils me laissent ainsi me retirer, m'en aller du jeu, m'isoler loin d'eux ? L'enfant au cœur de nous trépigne et crie, réagit dans tous les cas. Souvenirs blessés de solitudes enfantines que l'on n'avait pas choisies. Au fil du temps, l'on s'habitue à entrer et à sortir du monde, avec de plus en plus de souplesse, de moins en moins de résistance. Cela nécessite tout un apprentissage, comme pour le reste, comme pour la liberté, la sexualité, la joie, la santé. Et à force, on apprend. Mais il faut une sacrée dose de volonté pour choisir en toute conscience ce « chemin le moins fréquenté » comme le nommait le psychiatre Scott Peck[1], qui pensait que notre évolution personnelle implique un vrai travail et une discipline, lesquels vont durer toute la vie pour résister à l'appel des sirènes, qu'elles soient réseaux sociaux, couples de complaisance dans lequel on reste par crainte d'être seul(e) ou clubs divers et variés, toutes ces solutions illusoires de facilité. Non, je ne suis pas seul(e). Si, je le suis. À la fois seul(e) dans la traversée des multiples initiations que comporte la vie, et tellement relié(e). Quel paradoxe ! Seule la solitude nous permet d'en prendre conscience avec une telle intensité.

---

1. Scott Peck, *Le Chemin le moins fréquenté : apprendre à vivre avec la vie*, J'ai lu, 1990.

La peur de la solitude

Non, la solitude n'est pas que bénéfice. Oui, nous avons raison de nous en méfier (un peu). Une étude de l'Université de Chicago en 2008[1] a montré l'ampleur de son impact sur la santé : il s'agit d'un facteur de risque majeur, comparable à celui d'un statut socio-économique défavorisé et deux fois plus critique que l'obésité, qui va accroître le risque de décès prématuré de 19 % chez les plus âgés. Il va perturber le sommeil, augmenter la pression artérielle, augmenter les niveaux de stress et de dépression, réduire l'immunité et le bien-être perçu. L'isolement constitue le côté sombre de la solitude. L'intensité de son ressenti va varier en fonction de plusieurs facteurs, de la force ou de la faiblesse de l'isolé, du type et de la densité de ses liens avec les autres. Il nous conduit tous, quelque part, à l'angoisse de la mort. Il est donc justifié que notre premier mouvement soit de nous méfier. En respirant un bon coup, il est ensuite possible de faire face à la réalité : tout être humain est fondamentalement seul. Seul pour naître, seul pour mourir. Même face à l'autre que l'on aime, l'on peut parfois se sentir seul. La présence des autres peut et restera provisoire. Seul pour être. Cela peut être vécu comme une réelle souffrance, c'est certain. Mais il existe aussi une solitude positive, capable de nous aider et de nous recentrer en nous reconnectant à notre vie intérieure. Au sein de cet espace, nous pouvons

1. « Loneliness undermines health as well as mental well-being » (« La solitude mine la santé et le bien-être mental »).

nous connecter à nos propres ressources. La solitude procure alors une grande satisfaction, celle d'être avec soi-même, avec soi-même totalement, sans distraction. « En ces moments privilégiés, la solitude, côté éclairé de notre condition d'être séparé, illumine toute la personne. Tout comme la lune a son côté d'ombre et son côté de lumière, ainsi la condition humaine d'être séparé des autres et des choses s'exprime sur une facette par le bonheur de la solitude, et sur l'autre, par la misère de l'isolement. Nous sommes solitude et relation. Nous ne pouvons pas faire comme si cette solitude n'était pas sans nous priver d'une partie de notre vitalité, celle qui nous vient de la relation aux autres », souligne le psychologue Jules Bureau[1]. En acceptant sa solitude fondamentale, une personne se donne la possibilité de plonger encore plus dans son intériorité et d'accorder plus de place à sa subjectivité. Elle élargit ainsi le territoire de sa conscience, repousse les frontières de l'inconscient et de l'automatisme, et se définit comme prioritaire dans sa propre vie.

Rentrer dans sa grotte intérieure

D'où l'importance d'être capable de s'y éduquer soi-même, voire d'y éduquer les autres, en particulier ceux qui dépendent de nous, tels nos enfants. Lorsque nous regardons les travaux consacrés au monde de l'enfance,

1. Jules Bureau, *Vivement la solitude ! La nature et les avantages de la solitude et ses liens avec la sexualité humaine*, Montréal, éd. du Méridien, 1992.

très nombreux sont ceux qui portent sur les relations de l'enfant avec l'adulte ou avec ses pairs, très peu sur sa capacité à être seul, sur son besoin de solitude et, surtout, son aptitude à l'utiliser. L'aspect développemental de la solitude serait-il moins bien compris que les nombreuses défenses qui s'érigent devant elle ? L'éducation à la solitude est essentielle afin d'en développer les richesses et d'être capable d'en confronter les misères. Une personne se développe lorsque la vie répond à son besoin d'interaction humaine, autant qu'elle croît par les réponses qu'elle apporte à son besoin de solitude et aux ressources de conscience et de vitalité qu'elle est susceptible d'y acquérir. Tout un cheminement est nécessaire pour y parvenir : puisque l'on commence son existence en ne faisant qu'un avec l'autre, pour devenir une personne, l'être humain doit lentement s'arracher au lien fusionnel avec sa mère pour graduellement apprendre à vivre de lui-même, même si la nostalgie de cet état fusionnel ne cesse de le poursuivre. C'est alors que commence la période de l'isolement ressenti plus ou moins radicalement auquel il lui faut se confronter. Cette nostalgie peut persister durant toute la vie de la personne, avec plus ou moins d'intensité, jusqu'à ce qu'elle parvienne à conquérir pleinement sa solitude. En somme, pour tout être humain, l'isolement précède la solitude qui doit donc se conquérir… non sans difficulté.

Renoncer au jeu de cache-cache avec soi-même. Tenter de cesser de remplir sa vie et son temps. Se taire. Se centrer. Et écouter le souffle de la solitude. Accepter l'amertume des premiers moments. Une telle sensation de vertige. De perte de repères. Les autres ne sont plus là pour me montrer la voie. Et retenir surtout que ce n'est qu'un brouillard, une zone morte à traverser car derrière se cache bien autre chose que ce que l'on croyait. J'ai appris au fil du temps à avoir moins peur du vide, à lui faire davantage confiance. La solitude, lorsque l'on a cessé d'y résister, se fait plus douce, plus riche, plus nourrissante que tout ce que l'on avait pu imaginer. Lorsque l'on accepte de s'immerger en soi, de rentrer dans sa grotte intérieure, il se passe quelque chose. La peur se dissout. L'on change de paradigme pour avoir accès à une nouvelle connaissance : accueillir le monde, l'observer, le goûter. Chuuuuttt… Le vent nous parle (enfin), les oiseaux aussi, les grillons récitent leurs poèmes. La nature communique avec nous, la nature nous restructure, nous ouvre à nos savoirs profonds. Une autre vie commence. Une vie où la solitude et le silence aussi ont de l'importance, où l'on a cessé de résister à ce qui est, où l'on exerce sa réceptivité. Au fil des heures, des jours, des semaines parfois, la peur s'atténue. Alors, une nouvelle liberté se lève sur notre existence. Il faut avoir expérimenté cette sensation incroyable de présence au présent, de pouvoir intérieur quasiment jubilatoire, pour saisir enfin que nos choix, voire que certains de nos sacrifices, n'ont pas été vains. Avancer sans s'inquiéter. Là où le désir nous mène. Juste là où l'on a envie. Sans se soucier des autres, en tout cas pas dans le sens de ce qu'ils peuvent bien penser. Ma vie m'appartient. Notre vie nous appartient. Une forme de douce ivresse. La puissance de la vivance. La joie d'être, tout simplement.

Traverser l'inconfort

Pour ma part, c'est sur le chemin vers Saint-Jacques-de-Compostelle que j'ai fait la paix avec la solitude. J'allais déjà régulièrement seule à la campagne. Mais partir marcher, seule, pendant plusieurs semaines a été une étape symbolique importante. C'est certain, on ne risque pas de mourir d'isolement sur le Camino, il y a du monde. Il y a du monde, mais on est seul aussi. À des moments, on peut marcher sans voir âme qui vive ni loin devant, ni loin derrière. J'avais laissé ceux que j'aimais loin, ailleurs. J'avais envie de me rencontrer. Ce ne fut pas toujours facile. J'ai appris à me connaître, et à m'aimer un peu plus. Et maintenant, lorsque je repars marcher, je choisis à nouveau la solitude. À mes amis, je dis que j'ai rendez-vous avec moi. Et j'aime ça. La solitude épure, m'aide à choisir ce qui est bon pour moi. Je me relie à moi-même sur tous les plans : corporel, émotionnel, affectif, cognitif, fantasmatique, spirituel. Là où l'isolement peut favoriser la dépression, la solitude construit. Même s'il y a toujours un moment où j'hésite avant de me glisser dedans, un moment où je me demande si je suis sûre. Mais j'ai appris à résister aux sirènes de mes peurs. Et j'apprends, j'apprends, sans cesse j'apprends. À devenir un être humain, en lien de manière juste, à sortir de la dépendance aux autres. C'est difficile, c'est certain. Mais c'est aussi une ouverture, une maturité, une acceptation profonde de ma destinée, comme des retrouvailles intimes, assez troublantes. Au début, lorsque j'étais seule, je cherchais à m'occuper : je rangeais, j'écrivais (beaucoup), parfois j'écoutais de la musique (je n'ai pas la télévision). J'ai fini par éliminer ces diverses stratégies de compensation. Maintenant, il m'arrive parfois de ne rien faire. Je suis là tout simplement. J'éteins tout. Je n'ai plus les informations, j'oublie la musique, j'explore le silence, je m'affranchis souvent du temps qui passe, je « prends refuge » comme disent les bouddhistes. Je pense ma vie (j'aurais pu écrire aussi « je panse ma vie ! » car combien de fois suis-je allée me réfugier chez moi, après une rupture, m'y réparer tendrement sachant que je remonterai la pente, inévitablement). Parfois, je vais marcher, parfois, même pas. J'ai appris à compter sur moi, à vivre pour moi, à respirer pleinement, même quand je suis seule. C'est dans ce territoire de solitude que j'ai aussi appris à grandir, bon gré mal gré. J'aime les gens profondément, mes proches, ma famille, mes amis, mes patients. Mais je dois parfois partir en territoire intérieur, retrouver mon pouvoir, ma puissance, me rejoindre moi-même. Sinon, j'ai la sensation de me perdre, de me laisser aspirer par les besoins des autres. Paradoxalement, c'est lors de ces moments solaires et solitaires que je me sens le plus reliée au monde entier, au tout, à l'immensité de l'humanité, aux mystères de l'univers.

Chapitre 12

Au nom
de toutes les miennes…

« Je suis une femme parmi les femmes,
je m'unis à la lune et j'honore
le mouvement de mon cycle.
Je suis une magicienne et comme le serpent
je me transforme sans fin.
J'écoute le chant des plantes,
je développe ma vision,
je concocte mes remèdes
et j'apprends à me guérir.
Je suis la maîtresse de mes ombres,
je cultive mon courage
et j'allume mon feu intérieur,
bien plus loin que mes peurs. »

Mona Hébert[1]

1. Mona Hébert, *La Médecine des femmes*, éd. du Roseau, 2003.

Alors ce chemin solitaire va être amené à croiser d'autres chemins. Et parfois cette rencontre peut fructifier. Liens de cœurs, liens de sœurs. Ceux-ci portant un joli nom peu connu, celui de *sororité*. Ce mot issu du latin *soror*, signifiant « sœur ou cousine », a d'abord été utilisé par les féministes dans les années 1970 pour traduire le terme anglais *sisterhood* que les mouvements féministes américains avaient créé en réaction au terme *brotherhood* (« fraternité »). Il est alors l'expression de la solidarité entre femmes. La sororité désigne les liens entre celles qui se sentent des affinités, des vécus semblables, dus au fait qu'elles partagent la même condition féminine. Non plus ni victime, ni isolée, ni jalouse, ni en compétition, ni aliénée, c'est (aussi) dans le partage avec d'autres femmes que la sorcière parvient à s'émanciper. Peu importe qu'elle soit femme d'un (ou de plusieurs) homme(s), c'est dans la rencontre avec ses pairs qu'elle peut travailler, libérer, alchimiser son féminin sacré, la femme sauvage qui vibre en son sein…

Pascale d'Erm apporte des précisions à ce terme dans son vibrant *Sœurs en écologie*[1] : elle rappelle que la notion de sororité n'implique pas d'idéalisme forcé, ni de sentiment obligé. Elle y perçoit davantage une convergence d'intuitions et de besoins. Parce qu'une petite alarme s'est allumée dans la conscience de chacune d'entre elles, elles ont cherché à agir, à s'engager, à réfléchir, à faire communauté pour se sentir plus puissantes. Quand je suis prête, quand les autres le sont également, le groupe devient le terreau de nouvelles

1. Pascale d'Erm, *Sœurs en écologie*, éd. La Mer salée, 2017.

prises de conscience, de nouveaux engagements, de nouvelles pratiques. Cela a souvent été le cas dans le monde de la sorcellerie où les regroupements étaient, semble-t-il, ritualisés.

Cela a d'ailleurs fait partie des crimes dont les sorcières ont été accusées : non seulement, elles étaient des femmes – avec une sexualité de femme –, mais en plus elles semblaient organisées en une véritable société secrète. Une sorcière reconnue membre du « parti du Diable » était plus redoutable qu'une autre qui aurait agi seule, et la littérature de la chasse aux sorcières est obsédée par la question de ce qui se passait lors des sabbats : Mangeaient-elles des enfants non baptisés ? Faisaient-elles des orgies avec des bêtes ? ! Il semble en effet probable, voire cohérent, que certaines étaient amenées à se réunir pour participer à des fêtes religieuses ou païennes et y échanger leurs connaissances sur les herbes et les remèdes. À moins que ces réunions n'aient eu aussi à voir avec les révoltes paysannes de l'époque…

Au bonheur des âmes

Dans tout chemin d'initiation, la présence des autres peut être facilitante ou inhibitrice. À chacune de sentir ce qui est le plus juste, car les ricanements et les mimiques de désapprobation de tiers peuvent véritablement entraver une évolution. En revanche, engagée dans une assemblée ou un *covent*[1], on va aussi ressentir

1. Il s'agit du terme parfois utilisé pour évoquer les regroupements de magiciens.

un sentiment de puissance et de pouvoir démultiplié… À condition de trouver le bon regroupement. La vie nous fait croiser le chemin de personnes qui font écho à notre histoire, qui vibrent au même diapason que nous, pour qui il n'y aura pas de question, qui feront acte de présence, pour nous aider à grandir et à mieux nous aimer, pour nous aider à tenir la barre même lorsque l'on est fatiguée, inquiète ou à bout. Aucun de ces chemins d'évolution n'est anodin parce que chacun exige beaucoup de nous, d'aller chercher profondément au cœur de nos ressources intérieures. Alors parfois, il est nettement plus facile d'être ensemble. Pour s'aider, pour se soutenir, pour s'aimer, malgré les aléas de l'existence, les blessures et les difficultés. Lorsque j'écris ces mots, je ne peux m'empêcher de penser à mes amies les Semeuses, mes sœurs, mes sorcières tant aimées, de si belles femmes engagées pour la joie et l'humanité. Ensemble, c'est une présence, une vigilance, une tendresse, une attention, des envies, des partages, des temps de festivités qui célèbrent la vie, la chantent, la dansent, l'illuminent. Je pense aussi à ce Coin des Louves que j'ai expérimenté lors d'un stage : lorsque l'une de nous craquait, de trop d'émotions, de trop de blessures non refermées, de trop de honte et d'abus, les autres venaient l'entourer, la cajoler, parfois sans un mot, parfois pour venir pleurer avec elle et lui faire sentir qu'elle n'était pas seule. Le Coin des Louves, cœur à cœur, chair à chair. Comme si nous avions besoin de hurler et aussi de lécher nos plaies ensemble. Comme s'il y avait dans la sororité à la fois l'idée de s'aimer, de se protéger d'un monde qui ne nous fait pas de cadeaux, à nous les femmes, et aussi l'idée de se (re)construire ensemble. Et si l'une de nous doute ou s'efface un moment, les autres sont là pour tenir l'ouvrage à sa place, un temps, notre ouvrage.

Mes amies, mes sœurs

J'ai tant de fois vécu cela, ces moments où j'avais besoin de m'éloigner, de me retirer de mon quotidien, ces moments aussi où je me suis véritablement effondrée, et où d'autres sont venues en renfort, présentes, puissantes, généreuses et déterminées, sans poser de question. Elles sont venues s'occuper des enfants, faire à manger, me prêter de l'argent, m'offrir du travail. Mes amies, mes sœurs. Attention, parfois ce fut le cas de certains hommes aussi et je ne veux pas les oublier, les occulter dans une pseudo-sororité idéale. Mais très souvent des femmes. Je me retrouve dans leur miroir, j'ai renoncé autant que je pouvais à la jalousie, à la compétition, et je les regarde vivre, stupéfaite. Souvent. Si proches et si mystérieuses, semblables et uniques. Si riches de leur mystère que je ne pourrai jamais totalement appréhender, et en même temps dans une belle et lumineuse proximité. C'est de cette présence et de cette force que nous pouvons tisser quelque chose capable de nous guérir, individuellement et collectivement. Car dans cette perception de la réalité, l'individu n'est jamais perçu comme un objet séparé et isolé. Au contraire. Il est au cœur d'un réseau de relations enchevêtrées. Et si, parfois, il s'en éloigne, pour aller respirer son chemin solitaire, il reste en lien tout en prenant un peu de champ. Il ne s'agit en aucun cas de penser ni de dire ce qui est bon pour l'autre, il n'existe pas d'autorité externe, ni de vérité absolue nous permettant de le déterminer. Chacun doit trouver, expérimenter son propre chemin. C'est notre diversité qui accroît notre résilience et notre capacité d'adaptation. C'est elle qui nous transforme et nous enrichit.

Un manteau qui nous protège, un filet qui nous reçoit

Starhawk décrit les groupes comme « un manteau qui protège chacun de nous du froid, un filet qui nous reçoit quand nous tombons ». Sans éluder ce qu'ils peuvent aussi avoir d'exaspérant, d'ennuyeux, ni combien ils sont difficiles à organiser, à gérer, à faire tenir dans la durée. Car elle conçoit le groupe comme un rehausseur de la personnalité singulière de chacun, comme un moyen de la révéler, de l'affermir et non de la dissoudre. Loin d'imposer un dogme, elle insiste sur la nécessaire multiplicité des uns et des autres car elle juge la situation d'égalité avec les autres bien plus enrichissante et gratifiante que le culte de la personnalité, tant valorisé par la société occidentale. Selon elle, la communauté constitue le guérisseur ultime : « La communauté signifie une force qui rejoint notre propre force pour faire le travail qui doit être fait. Des bras pour nous soutenir quand nous défaillons.

Un cercle de guérison. Un cercle d'amis. Un lieu où nous pouvons être libres. » Parmi eux, nous pouvons retrouver force et renouveau. Car le partage, l'échange constituent une pierre angulaire de la magie : dépasser son intérêt personnel pour s'initier à l'intérêt supérieur commun, apprendre les unes des autres, s'épauler, se soutenir.

La destruction des communautés a constitué l'un des points de départ de la mise en place de ce nouveau monde à la vision mécaniste qui a cherché à éradiquer les sorcières, qui a été initiée par le mouvement de privatisation des prés communaux et la mise sous contrôle politique de la connaissance avec l'apparition de la « science ». Pour ma part, cette notion de communauté est essentielle. Je ne sais pas pourquoi, par une sorte d'intuition, alors que je suis issue d'une famille traditionnelle (dans sa structure), j'ai toujours cherché à éviter de reproduire ce modèle initial pour créer ma tribu. Et ça a marché ! J'ai voulu que mes enfants aient d'autres référents que leurs parents ou que nos familles respectives. De très proches amis ont alors joué ce rôle. Aujourd'hui, alors même qu'ils sont devenus à leur tour des adultes, mes enfants restent proches d'autres que nous, s'invitant mutuellement, se rencontrant hors de nos champs respectifs, se nourrissant de leurs spécificités, mais pouvant aussi compter sur d'autres aînés susceptibles de les écouter, de les soutenir et de les aimer. Aujourd'hui, depuis plus de trente ans d'un tel fonctionnement, alternant des moments de solitude et d'autres avec ma tribu, je ne peux que me réjouir, qu'affirmer l'inséparabilité de ces

« deux parties de l'âme » dont parlait Gilles Deleuze[1], individuelle et collective. Mes engagements associatifs et politiques m'ont permis parallèlement d'expérimenter de nouveaux modes de fonctionnement, ces outils dits d'« intelligence collective », ceux-là mêmes qui prônent l'égalité de tous et la valeur identique de chaque contribution et de chaque pensée. Cela a été un vrai cheminement, car l'élitisme et la compétition ont (aussi) constitué les bases de mon éducation. Au final, quel soulagement ! Rencontrer l'autre dans sa réalité et sa puissance plutôt que chercher à lui imposer ma vision du monde a été salutaire et source d'une vraie joie pour moi. Je pense avoir encore du chemin à faire, mais je suis heureuse de celui parcouru, heureuse d'avoir rencontré mes frères et sœurs de cœur sur ma route. Notre vie, notre projet, notre vision deviennent rassurants et forts lorsque l'on ne rêve plus seul. La rencontre avec ceux que l'ethnologue et psychologue Clarissa Pinkola Estès appelle « notre famille psychique » nous vivifie et nous sécurise. Selon elle, mieux vaut choisir le départ, l'errance, la quête, tout plutôt que de rester auprès de personnes avec qui l'on ne se sent pas en affinité. Oui, être différente, se sentir en marge, est aussi le signe que l'on peut apporter autre chose au monde, lui faire une contribution singulière. Plutôt que de gommer nos aspérités, ne vaudrait-il pas mieux les mettre en avant, les sublimer, les honorer ? Pour alors effectivement libérer cette femme sauvage qui vibre et gronde si fort en nous. Il est peut-être temps (aussi), aujourd'hui, de ne plus avoir peur, et d'accepter de

1. Gilles Deleuze est un philosophe né en 1925 et mort en 1995.

se mêler, de danser avec le monde et les hommes une nouvelle rencontre, de faire entendre notre spécificité tout en conservant notre liberté. Nous pouvons toujours essayer. Que peut-il nous arriver ? Si cela ne se passe pas bien, nous pourrons à nouveau repartir, fuir, retourner dans les bois que nous connaissons si bien. Autonomes et libres.

TROISIÈME PARTIE

QUELQUES PAS POUR S'INITIER

Huit clés pour mettre plus de magie dans sa vie

« Tout le monde cherche un maître parfait ; il se trouve que les maîtres sont humains, même si leurs enseignements sont divins – et c'est là quelque chose que les gens ont du mal à accepter. On ne doit pas confondre le professeur avec la leçon, le rituel avec l'extase, le transmetteur du symbole avec le symbole en lui-même. [...] La rencontre avec l'énergie supérieure est à la portée de n'importe qui, mais elle est loin de ceux qui font porter leur responsabilité aux autres. »

Paulo Coelho[1]

Une sorcière ? C'est une femme de pouvoirs. La magie ? C'est l'art de la transformation s'appuyant sur les multiples énergies de la nature, que l'on va chercher à utiliser au service de notre joie et de notre guérison. Les rituels ? Ce sont des moyens traditionnels

1. Paulo Coelho, *La Sorcière de Portobello*, J'ai lu, 2008.

ou improvisés destinés à diriger l'énergie dans la direction de son choix. On les utilise afin de marquer profondément notre psychisme, y laisser une empreinte, un ancrage même symbolique. Petit à petit, ils deviennent un autre langage, étonnant et puissant, que l'on apprend à maîtriser. Voici huit clés permettant de mieux comprendre de quoi il s'agit concrètement.

Vestale de rituels anciens, la sorcière aime s'initier, étudier, acquérir des savoirs et des connaissances qu'elle pourra expérimenter tout au long de sa vie. Non, elle ne prend rien au pied de la lettre, elle essaie, elle innove, elle tente, juste pour voir ce qui lui parle et lui correspond authentiquement. Pour ce faire, elle dispose de certains outils. Aucun n'est obligatoire. Juste à chacun et chacune de voir lequel lui fait vraiment envie : un chaudron symbole d'alchimie, un balai pour purifier son territoire, une baguette pour symboliser et canaliser sa volonté, une tenue (ou non) pour mieux incarner son nouveau rôle ? Soyons clairs, tout cela est totalement facultatif. La sorcière utilisera plus souvent de la musique pour entrer en transe, des mantras, des invocations, sans oublier les célèbres formules magiques destinées à mettre son esprit dans la bonne direction, car elle est disposée à apprendre ce qui lui plaît, voire éventuellement à parler à la lune, aux plantes, aux animaux si ça lui chante. Et celles qui en ont envie pourront même amener dans leur antre d'autres outils singuliers afin d'aider leur esprit à s'ouvrir aux synchronicités (qu'il s'agisse d'un jeu de tarot, d'un pendule ou d'une boule de cristal). Elles apprendront alors progressivement à oublier leur mental afin de s'ouvrir à une autre dimension, celle des correspondances, des symboles, des images, des visions… Car la magie est avant tout un état d'esprit. Il est possible de l'enseigner et de s'y initier, non pour apprendre à chevaucher un balai, mais pour devenir de plus en plus consciente et puissante dans sa propre vie.

En intégrant ces huit étapes, une telle puissance vous inspirera dans votre quotidien. Notez que toute pratique de la magie est comme un art de vivre, une nouvelle façon de penser, d'agir et de mieux se connaître, en lien avec la nature. Toutefois, comme la pratique de ce savoir est considérée comme un art secret, il va de soi qu'il est important de posséder une éthique et une certaine sagesse dans sa maîtrise… C'est pourquoi tous les mentors dans ce domaine vous rappelleront cette vérité, que l'on appelle « la loi du choc en retour » (ou loi du triple retour) : « Le bien que tu feras en tant que sorcier ou sorcière te sera rendu trois fois. Le mal que tu feras avec ton art te sera aussi rendu trois fois. Ne fais donc jamais aux autres ce que tu ne voudrais pas qu'on te fasse. »

Cela signifie que nous ne pouvons pas produire du changement sans changer nous-mêmes. Le magicien connaît les lois universelles et sait les utiliser (ou tout au moins, il apprend à le faire). Il voit la cause qui provoque l'effet et peut réaliser ce qui ressemble à des miracles aux yeux profanes, alors qu'il ne fait que respecter des étapes et qu'utiliser des lois naturelles, encore méconnues de tout un chacun.

La magie dont je parle ici ne rime en rien avec les forces ténébreuses. Celles qui ont choisi de la pratiquer ne vénèrent pas le diable et ne pratiquent pas de messes noires. Au contraire : elle invite à utiliser les principes de base de l'univers en faisant un juste retour aux sources primordiales de l'être humain, c'est-à-dire à la nature dans toute sa simplicité et sa magnificence. Cette magie constitue simplement une célébration enthousiaste de la vie, et l'envie de connaître et de faire l'expérience de ses secrets les plus profonds.

1

Se purifier

Il est important, pour s'ancrer dans son propre pouvoir, pour intégrer sa juste place dans l'univers, de prendre le temps de se mettre dans un état d'esprit singulier, disponible, pour se tourner vers ce que l'on désire accomplir. Moins notre corps doit se défendre – que ce soit contre nos propres mauvais traitements (mauvaise alimentation, abus d'écrans, manque de pratique sportive, etc.) ou contre les énergies et émotions négatives des autres –, plus il aura d'énergie disponible à utiliser pour agir au monde et l'impacter. D'où l'importance d'apprendre à se détoxifier régulièrement. Il n'est guère étonnant que toutes les religions proposent divers rituels de purification, car ceux-ci nous aident à développer et acquérir une compréhension profonde de nous-mêmes, à trouver de nouvelles solutions à de vieux problèmes et, par là, à changer notre vie. Il est de coutume de commencer de nombreux rituels de sorcellerie par quelques heures, voire quelques jours, de jeûne. Les bains, les fumigations peuvent également les initier.

Une cure détox régulière

En naturopathie, la cure détox participe d'un tel processus : en soulageant notre organisme, elle nous aide à être bien, en présence, dans la vie. Elle allège notre corps, et par là, notre esprit. Elle comporte des étapes purement physiques, comme le fait de cesser un temps de manger divers aliments néfastes pour le corps, tels que la viande, l'alcool, les sucreries, les aliments industriels, et d'autres étapes plus psychologiques, en s'octroyant des temps de repos, en faisant une détox digitale et en s'initiant à des pratiques plus douces comme le yoga ou le taï-chi, lesquelles nous aident à prendre de la distance par rapport au brouhaha de nos vies. Deux fois par an *a minima*, au printemps et à l'automne, il est bon ainsi de se recentrer sur soi et de se ménager un sas de décompression afin de se retrouver dans toute sa joie et toute sa puissance intérieure. Avec l'aide d'un thérapeute ou en solo (si l'on ne présente pas de pathologie), on fera le point sur son alimentation, on se chouchoutera en allant au sauna ou au hammam, ou en se faisant masser ; on prendra soin de son sommeil et on éteindra plus tôt que d'habitude tous les écrans qui nous entourent pour simplement lire un livre ou profiter d'une jolie vue. Juste être là à ne rien faire. Combien de temps ? De un à quarante jours (comme pendant Carême), à chacun de choisir.

Au début, l'on est toujours un peu réticente, puis petit à petit, année après année, on se rend compte que cela nous a bien aidée, que l'on s'est sentie mieux, plus ancrée, plus apaisée, plus disponible. Et l'on a envie de recommencer.

Petits rituels de purification

Saviez-vous qu'une simple douche, mais prise en conscience, est déjà considérée comme un rituel de purification ? Pourtant, ici aussi, on peut chercher à aller plus loin et procéder à un nettoyage énergétique subtil. Comment ? Tout simplement en mettant du gros sel dans un gant de toilette et en passant celui-ci sur tout son corps. Car le sel est réputé avoir la propriété de capter et d'emmagasiner les énergies plus négatives. On peut aussi en mettre dans son bain et s'immerger quelque temps (on peut utiliser du sel de mer non traité, ou bien du sel d'Epsom, et même, si on le souhaite, ajouter quelques gouttes d'huile essentielle de lavande). Les lampes de sel ou l'usage de bols remplis de sel que l'on met dans différentes pièces chez soi permettent également d'assainir la maison.

Autres solutions : les bâtons de feuilles de sauge, faits maison ou achetés tout préparés que l'on va utiliser pour purifier un lieu. On fait un bouquet avec les feuilles séchées, puis on le fait brûler à l'endroit voulu, une telle fumigation aidant à se concentrer, à se retrouver en toute sérénité. Elle peut également être réalisée à l'aide de branches de romarin (l'un des encens les plus anciens – on peut d'ailleurs ajouter une infusion de romarin à l'eau de son bain pour se purifier). Traditionnellement, il était de coutume de ne pas éteindre un encens quand il brûlait car, selon les croyances des premières nations amérindiennes, il continuait à se consumer tant que la purification n'était pas terminée.

La mise à la terre

Après ce temps de silence et de retour vers soi, il est parfois nécessaire de s'interroger sur son ressenti. Quelle est l'humeur du jour ? Sans se juger, ni se reprocher quoi que ce soit. Oui, on peut être triste ou en colère, cela arrive parfois. Tout ce qui semble nous limiter et nous freiner peut être source de pouvoir et d'énergie à partir du moment où nous sommes lucides et capables de l'accueillir et de l'intégrer. Alors il est important de « brancher » sa propre prise de terre (on parle de « mise à la terre »). Cela signifie que l'on cherchera à se connecter à la terre, à s'enraciner. La solution la plus simple consiste à respirer par le ventre, puis à visualiser une connexion entre nous et la terre : s'imaginer que nos pieds ont des racines qui s'enfoncent profondément dans le sol, par exemple. On peut alors redonner à la terre les émotions qui nous impactent et nous entravent – notre colère, notre tristesse – comme des feuilles mortes qui se détachent de nous et nous allègent d'autant. Avant de nous rappeler que nous tirons aussi notre pouvoir de nos racines : l'on cherche alors à sentir l'énergie monter progressivement dans notre corps tout comme la sève irrigue l'arbre. Ainsi, nous captons une énergie neuve et transformatrice de la terre.

2

Se ressourcer

Partir, s'en aller par le chemin des écoliers, s'oublier, respirer. Se mettre au vert. Je reste convaincue que des milliers d'années de fréquentation de la nature ont laissé une empreinte inamovible en nous, en tant qu'espèce humaine, empreinte dont il serait (pour l'instant, selon moi) suicidaire de croire que l'on peut s'émanciper. Les sorcières ont fait de la nature leur principale alliée : avant tout le monde, elles ont compris l'importance de s'y ressourcer, mais aussi d'y rechercher les solutions et les remèdes à nos souffrances et nos difficultés.

Les études le montrent, la proximité de la nature nous aide à aller bien, à aller mieux. L'exemple est connu maintenant : une chambre avec vue sur un bout de gazon aide des malades à guérir plus vite[1]. Mais cela va plus loin : la seule présence de fleurs dans la chambre des patients exerce des effets positifs sur leur récupération à l'issue d'une opération.

1. Étude de Roger Ulrich publiée dans la revue *Sciences*, en 1984.

Les Anglo-Saxons parlent à ce sujet de « vitamine G », la *green vitamine* (la vitamine verte), pour faire référence au rôle essentiel que jouent les plantes, les arbres, les fleurs qui nous entourent et nous prodiguent leurs bienfaits. Aujourd'hui, la moitié de l'humanité vit en zones urbaines. Pourtant, cette coupure choisie ou imposée suscite chez certains, en réaction, le désir d'un « retour à la nature ». Peut-être, tout simplement, parce que nous sentons bien que nous sommes une partie de cette nature, l'essentiel de notre évolution s'étant déroulé dans et avec elle : notre constitution cellulaire, notre fonctionnement biologique et même notre cerveau seraient intrinsèquement imprégnés de cette naturalité. Pour moi, c'est certain, il ne peut y avoir d'êtres humains sains dans un environnement malsain. En allant à la rencontre d'une nature aussi sauvage que possible, ou tout simplement en jardinant – même en milieu urbain –, nos sens anesthésiés par la vie moderne, notre sensibilité finissent par s'éveiller. Nous ressentons un sentiment de paix intérieure, de réconfort, parfois certaines formes de guérison, en tout cas de régénération physique et psychique. Pour enfin célébrer la vie, sous toutes ses formes, sous toutes ses dimensions.

Promenons-nous dans les bois

Que faire alors ? Rien qu'une promenade en forêt contribue à nous apaiser, davantage en tout cas que la même marche en milieu urbain. Les Japonais parlent à ce sujet de *shinrin-yoku*, et ils en ont étudié les bienfaits avec attention, montrant qu'elle a des effets positifs sur le rythme cardiaque et la tension artérielle, mais aussi, et peut-être surtout, sur nos défenses immunitaires. On constate d'ailleurs que les effets persistent même un mois après la randonnée. Pas le temps de sortir ? Faites comme les malades de l'étude citée précédemment : mettez des plantes et des fleurs chez vous. Celles-ci nous rendent plus résistants à un événement reconnu douloureux ou tout au moins peu agréable (l'effet n'est pas lié à la fonction décorative des plantes puisque, dans les études, des objets de décoration ne permettent pas d'obtenir les mêmes effets). Pour les chercheurs, leur présence produit probablement des endorphines qui, par leur capacité naturelle analgésique, permettraient d'accroître notre résistance à la douleur. Chose étonnante, une exposition de quelques minutes suffirait pour nous aider à aller mieux. Comme si nous possédions en nous une capacité quasi automatique d'activation de changements internes à la simple vue des plantes. C'est dire le pouvoir qu'elles exercent sur nous.

Il faut cultiver notre jardin

Voltaire avait raison : il nous faut cultiver notre jardin. Et si en plus vous faites pousser vos plantes et vos fleurs, vous avez toutes les chances de vous sentir de mieux en mieux : meilleure récupération, meilleur rendement cardiaque (et prévention de l'infarctus), meilleure densité osseuse, baisse de la dépression, meilleure évolution des maladies neurodégénératives… D'un bout à l'autre de la vie, le jardinage est une activité sportive douce qui favorise des attitudes positives envers les fruits et légumes et conduit les enfants à en consommer plus, améliore la santé physique et mentale des seniors. Nul besoin de bénéficier d'un grand jardin, un plant de verveine ou de basilic, voire une rose sur le balcon ou un bord de fenêtre suffisent, les fleurs suscitant tout autant de nombreux bienfaits.

Selon la chercheuse Jeannette Haviland-Jones de l'Université Rutgers aux États-Unis, il existerait d'ailleurs, historiquement, un curieux lien entre les fleurs et l'être humain. On sait en effet que ce dernier cultive des fleurs depuis plus de 5 000 ans, alors même qu'il devait consacrer la majorité de son temps à assurer sa subsistance. Cette culture non vivrière a probablement été utilisée pour le pouvoir émotionnel des fleurs, pour leur capacité à accompagner de manière symbolique les différents événements de l'existence. Elles seraient ainsi, selon la chercheuse, à ce point en lien avec nos émotions que leur simple présence activerait automatiquement des émotions positives.

La magie des plantes

Mais au-delà du bien-être qu'elles nous apportent, il existe dans les jardins, les champs et les bois une multitude d'herbes et surtout de plantes, régulièrement utilisées en magie blanche, la plus recherchée étant sans nul doute la célèbre mandragore. Or, si leurs propriétés médicinales sont assez bien connues, la plus grande partie de leurs pouvoirs mystérieux demeure secrète. Elle sera déterminée par la forme, la densité, le terroir, le parfum, la couleur de chacune d'entre elles, on pourrait dire « sa vibration ». Il existe diverses procédures afin d'utiliser ces plantes au quotidien.

L'infusion. Comme son nom l'indique, il s'agit de faire tremper des plantes dans de l'eau chaude. Mettez 1 cuillerée à café de plante par tasse d'eau, laissez tremper entre 9 et 13 minutes, filtrez, laissez refroidir. La potion alors réalisée peut s'utiliser en tisane, mais aussi dans l'eau du bain, pour en enduire le mobilier ou le sol, ou encore en application sur le corps.

Le bain. Il est très utilisé dans le domaine de la magie, car c'est une bonne manière de transmettre le pouvoir de la plante à toutes les parties du corps. Si l'on peut utiliser les plantes par l'intermédiaire d'un sachet avec une étamine que l'on mettra directement dans le bain, le plus simple consiste quand même à d'abord préparer l'infusion et à verser ensuite le liquide filtré dans la baignoire.

L'onguent. Il s'agit d'une substance grasse à laquelle on ajoute des plantes en poudre et/ou des huiles essentielles. Mélangez 45 ml (3 cuillerées à soupe) de plantes réduites en poudre à 250 ml (1 tasse) de graisse végétale, en visualisant bien quelles sont vos attentes. Mettez ensuite le mélange dans un contenant hermétique avant de le conserver à l'abri de la chaleur et de la lumière. Appliquez ensuite le mélange au niveau des poignets, à la base de la nuque, de la colonne vertébrale et/ou au niveau de l'aine.

Les huiles essentielles. En général, on les achète toutes faites (j'ai bien dit, en général, car certaines sorcières ont la joie de posséder leur propre alambic et donc de pouvoir préparer ainsi leurs huiles magiques) et on peut les utiliser de nombreuses manières : dans des sachets, sur des figurines, dans le bain, pour en oindre son corps (les huiles essentielles sont alors diluées dans une huile végétale), pour en enduire les chandelles ou certaines racines, ou encore en les faisant chauffer avec du charbon de bois.

L'encens. Si sa fabrication et son utilisation constituent une forme d'art, on utilisera ici de l'encens brut ou en granulés (mais pas en bâtonnets, ni en cônes), que l'on brûle ou que l'on laisse consumer sur des pastilles de charbon de bois (en en saupoudrant une petite quantité sur le charbon incandescent toutes les 2 ou 3 minutes durant le rituel magique). On peut les mélanger, évitez pourtant autant que possible les recettes trop compliquées.

Un herbier de sorcière : les huit plantes incontournables

Parmi les nombreuses plantes existantes, huit sont indispensables dans la tradition de la magie.

L'aubépine : pour la paix et la fertilité. On a longtemps cru que les aubépines étaient des sorcières qui avaient choisi de se transformer en arbres. Il faut dire que les rituels de sorcellerie avaient souvent lieu sous ses branches et qu'il y avait toujours une haie d'aubépines dans les jardins des sorcières : en Angleterre, on parle de la triade magique (chêne, frêne, aubépine). On y dit que, là où ces trois arbres poussent ensemble, on peut voir des fées… Afin de se recentrer, de s'apaiser, on l'utilise en tisane, à partir des fleurs fraîches ou séchées, et l'on aime décorer les maisons avec ses branches fleuries.

Le gingembre : pour la chance, la santé, la vitalité et la puissance sexuelle. Ce n'est pas seulement un aphrodisiaque comme le veut sa réputation. Il suffirait, dit-on, de tenir une racine de gingembre dans ses mains, en visualisant son souhait et de la jeter dans un cours d'eau, pour qu'il se réalise. On peut aussi sculpter l'objet de son rêve dans une racine avant de jeter celle-ci à l'eau. Les tisanes de gingembre sont également simples (et délicieuses) à réaliser, il suffit de couper le rhizome en dés et de mettre ceux-ci à infuser. Enfin, le gingembre peut servir de substitut à la mandragore.

La grande ortie (ou ortie commune) : pour se purifier. Elle est utilisée depuis toujours en magie pour ses effets protecteurs. Pour contrer une malédiction et la renvoyer à son expéditeur, on la place dans un sachet que l'on porte sur soi. On peut aussi en mettre dans sa maison : on jette des orties au feu pour prévenir les dangers, et on en tient dans sa main afin de se protéger des fantômes ! En jus, en soupe, en tisane, il s'agit d'une plante à inviter dans son quotidien afin de se renforcer. Au Mexique, la plante est notamment utilisée dans des bains purificateurs.

Le gui : pour la protection et la chance. On sait l'importance que les druides lui accordaient au cours de leurs cérémonies, et l'usage qu'ils en faisaient chaque année, allant cueillir celui qui poussait sur un chêne, à l'aide d'une faucille en or, au solstice d'été ou quand la lune était à son sixième jour, pour se protéger contre nombre de malchances. Comme le veut la tradition, la présence de gui dans une habitation est synonyme de paix et de bonheur. Pour éviter les maladies, une bague sculptée dans du bois de gui serait très efficace. Brûlé, le gui éloigne le mal.

Le houx est la plante protectrice par excellence : il prémunit contre la foudre, le poison et les esprits maléfiques. Avec le liquide provenant de l'infusion ou de la distillation de cette plante, on asperge les nouveau-nés afin de les protéger. Les hommes devraient en porter sur eux pour attirer la chance (là où les femmes porteront plutôt du lierre). Pour voir vos rêves se réaliser : le vendredi après minuit, cueillez 9 feuilles de houx (sur une branche sans épine), enveloppez-les dans un tissu blanc dont vous nouerez les extrémités en faisant 9 nœuds et placez le tout sous votre oreiller.

L'iris de Florence : pour l'amour. Il possède une racine qui a longtemps été utilisée pour trouver et conserver l'amour. On la portait sur soi, on ajoutait sa poudre dans des sachets, sur les draps, les vêtements, le corps et un peu partout dans la maison ! Au Japon, on l'utilisait pour se protéger des esprits maléfiques en l'accrochant sur les toits ou en l'ajoutant à l'eau du bain. Vous pouvez également réaliser un pendule en suspendant une racine complète au bout d'un petit morceau de corde : il vous servira de guide pour trouver les réponses à vos questions.

La pervenche est considérée comme une plante magique très puissante : on parle en effet de la « violette des sorciers ». Sa cueillette devrait donc répondre à certaines règles et se faire durant la première, la neuvième, la onzième ou la treizième nuit de la lune, tout en disant : « Je t'adresse ma prière, pervenche, toi dont les nombreuses et utiles qualités tiennent de l'art, toi qui, par ta sollicitude, fais éclore en moi une heureuse floraison, toi qui me procures tout le nécessaire afin de me protéger, assurer ma prospérité et me tenir à l'abri des poisons et de l'eau. » La pervenche se porte sur soi et on la suspend au-dessus de sa porte afin de bénéficier de toutes ses qualités : comme toutes plantes lunaires, elle va en particulier inciter au mariage, protéger le foyer, les liens de cœur qui y règnent, ainsi que les enfants.

La rose est utilisée depuis toujours dans les charmes d'amour, qu'on la porte en guirlande (sans les épines), qu'on la place dans un vase sur l'autel ou que l'on ajoute de l'eau de rose à l'eau du bain. Les femmes qui souhaitaient connaître le nom de leur futur compagnon avaient l'habitude de prendre 3 feuilles vertes sur un rosier, de donner à chacune le nom d'un partenaire potentiel et d'attendre celle qui resterait verte le plus longtemps, indiquant celui des trois qui serait l'heureux élu. Les roses cultivées dans un jardin attireraient les fées. Boire une tasse de boutons de rose avant d'aller au lit aiderait à faire des rêves prophétiques.

Sans oublier… l'incontournable mandragore

La mandragore est l'une des plantes les plus importantes en magie. En avoir une, disait-on, c'était posséder le joker des plantes de pouvoir ! Cela à cause de la forme de ses racines, étrangement similaires à un corps humain muni de ses organes génitaux, parfois masculin, parfois féminin. Elle serait un puissant aphrodisiaque, et a la réputation de soigner la stérilité. On prête à la mandragore de nombreuses capacités : rendre invisible, servir de sortilège et, à l'inverse, être un talisman contre la sorcellerie (les démons ne pourraient demeurer dans un lieu où elle se trouve). On prétend aussi qu'elle fait se multiplier l'argent. Ainsi, en France, on croyait jadis qu'elle rendait le double de ce qu'elle avait reçu, qu'il s'agisse d'argent ou d'autres biens matériels (deux écus d'or pour un, deux écuelles de grain pour une, etc.). Il est dit aussi, dans de vieux manuscrits, que la mandragore porte chance dans les procès et la guerre, et qu'elle peut conjurer la malchance au jeu. Inutile quand même de chercher à la faire déterrer par un chien, vent dans le dos pour ne pas l'entendre crier ! Néanmoins, pour les plus enthousiastes, il est possible d'acquérir de l'encens de mandragore dans les boutiques ésotériques : il sert alors à invoquer les esprits, et aurait la faculté de les faire apparaître la nuit dans sa fumée. Autre possibilité : baigner son corps complètement nu dans la fumée obtenue. Selon la tradition, cela augmenterait temporairement l'énergie vitale et transformerait n'importe quelle femme en une puissante sorcière pendant une heure… Autrefois, certaines l'utilisaient sous forme d'onguent, en la mêlant à de la jusquiame, de la belladone, de la ciguë et du nénuphar ; elles s'en enduisaient le corps, entraient en transe et avaient l'impression de vivre des voyages incroyables. Il était dit, même si cette information est aujourd'hui contestée, que cette drogue était parfois mise au contact des parties intimes des sorcières, le balai en étant enduit avant d'être introduit dans leur vagin.

3

Vibrer

Augmenter son niveau vibratoire est un impératif, lorsque l'on veut réaliser ses désirs et donner plus de pouvoir à ses pensées et ses actes. Qu'est-ce que cela signifie ?

Tout est énergie et vibration dans l'univers – les sons, les formes, les couleurs, les objets, ainsi que chaque être et chaque pensée. Une personne possède son propre taux vibratoire à sa naissance, lequel va évoluer selon ses expériences positives et négatives. Il va aussi varier selon l'humeur, l'état émotionnel et la santé, et changer instant après instant. La règle est simple : plus notre fréquence vibratoire est élevée, plus nous avons de pouvoir. C'est ce que l'on appelle aussi la « loi de l'attraction[1] » (car en respectant cette règle, nous attirons à nous ce dont nous rêvons, à condition que cela soit conscientisé). En revanche, lorsqu'elle est basse,

1. Selon ce principe, deux fréquences vibratoires de même nature s'attirent irrémédiablement.

non seulement nous n'arrivons pas à attirer ce que nous voulons dans la vie, mais nous semblons aussi n'attirer que ce que nous ne voulons pas. Lorsqu'elle est ajustée, les pensées et les êtres qui se correspondent finissent par « s'aligner ». Cela fait penser à ce qui se passe lorsque l'on veut écouter une station de radio : être sur la bonne fréquence pour avoir le programme désiré. Plus le taux vibratoire est élevé, plus l'on se sent bien. C'est également là que se manifestent les synchronicités déjà évoquées. Rêves et désirs semblent se réaliser beaucoup plus facilement et nos pouvoirs semblent démultipliés. *A contrario*, s'il est bas, on est agité, nerveux, avec un besoin urgent de changer d'espace. Et notre vibration attire à nous des événements et des personnes qui s'accordent à notre mal-être. Une sorte de cercle vicieux se met en place : comme on est mal, on vit des situations difficiles, et comme on vit des situations difficiles, on est mal.

L'énergie se transmet par vibrations et se mesure par une fréquence vibratoire. Le taux vibratoire peut donc se définir comme la mesure de la qualité d'une énergie. Elle s'exprime en unités Bovis (UB) et se mesure avec une réglette appelée « biomètre de Bovis », associée à un pendule. Les bovins vibreraient aux alentours de 4 000 UB, les carnivores dans la nature entre 12 000 et 16 000 UB, les chevaux entre 18 000 et 27 000 UB, les oiseaux au-delà de 27 000 UB. Ce taux serait de plus de 100 000 UB pour les chênes séculaires, les sites sacrés de la planète pouvant dépasser les 500 000 UB, comme Stonehenge en Angleterre. Celui de l'être humain se situe en général entre 6 000 et 9 000 UB, même si les personnes en développement spirituel peuvent vibrer nettement plus haut.

Qu'est-ce qui fait baisser notre taux vibratoire ?

Il est beaucoup plus facile de diminuer son taux de vibration que de l'augmenter. De nombreux éléments auxquels nous sommes régulièrement confrontés y contribuent : les informations négatives des médias, les addictions (tabac, alcool), les produits chimiques, les ondes électromagnétiques, les lignes à haute tension, l'abus d'écrans, la pollution, l'eau de faible qualité (l'eau du robinet, même bactériologiquement saine, contient des éléments problématiques tels que le chlore, des métaux lourds ou encore des médicaments et pesticides), certains aliments industriels dévitalisés, mais aussi des émotions comme les plaintes, la colère, la souffrance, la violence, la peur et l'anxiété…

Qu'est-ce qui l'augmente ?

On peut élever son taux vibratoire de manière volontaire, en choisissant consciemment ses activités et ses pensées. En prenant du temps pour soi, en ayant conscience de son importance, on finit par apprendre à agir consciemment sur son niveau d'énergie. En pratiquant aussi certaines disciplines comme la danse, le chant, la méditation, le yoga, les massages, la respiration consciente, ou encore en s'immergeant dans la nature… Marcher pieds nus dans la rosée tout comme faire des câlins aux grands arbres (entre Pâques et la Toussaint) constituent d'ailleurs de grands classiques, permettant d'augmenter efficacement sa vibration intérieure. Dans tous les cas, le mieux est de faire ce que l'on aime faire et qui détend, qu'il s'agisse de voir ses amis, de lire, de sourire, de rire ou de s'occuper de son chien ou de son chat. On peut, par exemple, noter l'importance ici du développement personnel, d'abord parce que le temps que l'on y consacre est un vrai temps pour soi, mais également parce que c'est (normalement) un espace de prise de conscience, où l'on va à la fois tenter d'éliminer des comportements inadaptés et énergivores, et découvrir les choses qui font justement vibrer dans la vie. L'expression artistique est aussi un excellent moyen de se libérer d'émotions refoulées, enfouies, de lâcher prise, et d'exprimer son être profond : créer un tableau de rêves, en associant des visuels qui expriment ce qui nous fait envie, colorier des mandalas… Ou écrire, qu'il s'agisse d'un journal intime, de poésies, d'un article pour un blog. L'écriture est un véritable exutoire, permettant à la fois de se libérer des émotions ou des charges qui nous entravent. Pour augmenter son taux vibratoire, il est également possible, pour les personnes à qui cela parle, de se connecter à un plan spirituel (chacun à sa manière) : prier, allumer une bougie, parler à ses anges…

N'oublions pas non plus d'avoir de la gratitude pour ce qui nous entoure, pour nos proches, et peut-être aussi et surtout pour nous-mêmes. Il est enfin essentiel de passer à l'action : se mettre en mouvement, s'engager, sortir de sa zone de confort, expérimenter, constitue l'essence du vivant. Il est essentiel de ne pas l'oublier. Plus l'on vit en conscience dans sa vie, en accord avec notre être intérieur, plus on exprime sa vibration personnelle. Ainsi, toutes nos cellules vibrent pleinement de qui l'on est, sans interférence.

Il est également possible d'augmenter l'énergie vibratoire d'un lieu en le maintenant propre, aéré et pas trop encombré, en y ajoutant des plantes, des fleurs, mais également en diffusant certaines huiles essentielles, celle de menthe poivrée par exemple, dont la seule présence suffirait à élever la vibration d'un lieu. Elle attirerait les esprits bienfaisants et aiderait les apprentis magiciens lors de leur pratique ! Et en plus, elle sent bon… Mieux vaut éviter les diffuseurs qui chauffent les huiles et, ce faisant, les abîment : on en trouve aujourd'hui qui fonctionnent par ventilation ou nébulisation et fragmentent l'huile essentielle sans la chauffer. Il est également important de mettre autour de soi des objets ayant une haute vibration énergétique : les pierres et les cristaux, certains objets sacrés, un bol tibétain, des peintures ou des dessins, des coquillages comme les coquilles Saint-Jacques, etc. Attention, il est aussi important de prêter de l'attention aux bibelots qui nous entourent, car certains peuvent être chargés négativement comme des vieux souvenirs, tels ceux récupérés en brocante dont on ne connaît pas l'histoire… C'est en fait à une conscience de chaque instant que nous sommes appelés, conscience de notre corps, de nos pensées, de notre environnement, afin de vibrer plus haut et vivre avec davantage d'intensité et de joie.

Mieux faire vibrer ses chakras

Il existe des pratiques permettant de rehausser le niveau vibratoire de nos chakras, de manière individuelle ou globale, dans leur ensemble, comme avec le yoga de la Kundalini, également dit « yoga de l'âme ». Ce yoga extrêmement puissant vise à l'éveil de la conscience par la maîtrise de cette énergie de la Kundalini, associée à l'énergie sexuelle, par la pratique de postures spécifiques, de techniques respiratoires, de contractions et la récitation de mantras.

Le premier chakra : Muladhara

Chakra de base, ou chakra racine, situé au niveau du coccyx et des organes sexuels (le périnée), lié aux surrénales, aux reins, aux os, au sang, à l'odorat, il est la racine de notre Arbre de Vie, le lieu d'ancrage des forces qui nourrissent et animent les autres chakras comme une fontaine. D'une certaine façon, on pourrait le comparer au magma en fusion, au centre de la terre, qui se projette dans un mouvement ascendant et jaillit du volcan. Ce chakra constitue notre assise, il est essentiel pour notre sécurité de base : on l'associe donc à l'argent, mais aussi à la nourriture, l'habitat et l'acceptation de notre incarnation. C'est lui qui nous enracine au monde, à la matière, à tout ce qui est manifesté. Le mantra qui y est associé est LAM. Sa couleur est le rouge (n'hésitez pas à porter des dessous rouges, par exemple, pour le renforcer), son élément, la terre. C'est également le siège de la Kundalini, l'union d'Ida et de Pingala (yin et yang), là où se noue des liens harmonieux avec la partie féminine de ce qui est incarné (certains diront avec la Grande Déesse). Des plantes comme la cardamome, le gingembre, la nigelle, ainsi que les pierres rouges comme le jaspe rouge, le grenat, le rubis lui sont associées…

Le deuxième chakra : Svadhishthana

Situé deux doigts sous le nombril, également appelé « chakra sacré », il correspond à la créativité, à la relation à l'autre, au goût et à la sexualité. Son nom signifie « siège du moi », car il est le siège de l'inconscient individuel. Il est lié au feu par son yang, ainsi qu'à l'eau par son yin. On lui associe le mantra VAM, la couleur orange ; le parfum peut être l'ylang-ylang, le patchouli, l'orange ou le santal. Le cumin va le calmer en cas d'excès (agitation, émotions débordantes), là où le curcuma va le stimuler s'il vient à être éteint (manque de sensibilité, émotions bloquées, hypercontrôle, absence de créativité). Parce que l'élément eau – élément yin lié à la lune – entretient les facultés intuitives, l'inspiration et la réceptivité, la médiumnité prend certaines de ses racines dans ce chakra.

Le troisième chakra : Manipura

Placé au niveau du plexus solaire, ce chakra est cousin du feu : il parle de notre fonction sociale, de notre sens de l'organisation, et favorise nos contacts avec l'extérieur. Son nom signifie « la cité des joyaux », et l'on considère qu'il est le siège de la personnalité et de l'ego. Nombreuses sont donc les personnes vivant à ce niveau de la conscience. Son mantra est le son RAM, dont la vocalisation favorise la longévité et la montée de l'énergie. Sa couleur est le jaune d'or, l'organe associé est le pancréas, et le sens correspondant est la vue. La lavande, le romarin, la bergamote, le basilic, le gingembre, la muscade participent à son équilibre, tout comme l'ambre, la citrine ou la serpentine. C'est en partie par son intermédiaire que nous abordons les êtres vivants, les esprits de la nature et les entités spirituelles. Avec respect et ouverture.

Le quatrième chakra : Anahata

Lié au cœur et à la circulation sanguine, situé au centre de la poitrine, il est le siège de notre âme et fait le lien entre les trois chakras inférieurs et les trois chakras supérieurs : c'est la porte entre le corps et l'esprit, l'espace où se réalise la conversion. S'il est effectivement en rapport avec l'amour du couple, ou celui au sein d'une famille, c'est aussi par Anahata que s'exprime l'amour divin, l'amour inconditionnel.

Son mantra est le YAM, dont la vocalisation nous ouvre à la vraie connaissance liée à l'amour. Sa couleur est à la fois le vert clair et le rose pâle. Le basilic et la cardamome vont l'aider à s'équilibrer, alors que la cannelle et la coriandre vont le stimuler. Le cumin dénoue le cœur et l'aide à digérer les épreuves de la vie. Son parfum est la rose ou le jasmin. Il est associé aux pierres roses (opale, quartz ou tourmaline roses), et vertes comme l'émeraude, la malachite ou le jade. Ce chakra démultiplie nos possibilités et nos capacités magiques d'intervention.

Le cinquième chakra : Vishudha

Placé au niveau du creux de la gorge, il est lié à la communication, l'expression de notre moi, de notre personnalité profonde et est considéré comme « la porte de libération ». Son nom signifie « pureté » ou « purification ». Le mantra qui lui est lié est le HAM, la couleur, le bleu ciel ; les organes associés sont la thyroïde, le cou, la gorge, la bouche, les bras et les mains, ainsi que les oreilles et les cordes vocales. L'ail régule le flux de la parole et de la pensée, le gingembre apaise l'émotivité excessive, la moutarde aide à la concentration. Les pierres bleues comme l'aigue-marine, la labradorite, la turquoise lui sont associées. C'est le chakra des enseignants spirituels, qui permet d'évoluer dans le monde avec davantage d'assurance et de sérénité, sans excès d'effort ni de volontarisme. On l'appelle également « la troisième oreille », car il est lié à la clairaudience ainsi qu'à l'écoute de sa propre voix intérieure. Il permet également de développer le don des incantations, des paroles magiques et celui de la télépathie. La méditation sur ce chakra ouvrirait la connaissance de tout le passé, le présent et l'avenir. L'abondance est aussi associée à ce chakra, tout comme l'aspect du recevoir inconditionnel, nécessaire pour accepter celle-ci.

Le sixième chakra : Ajna

Situé approximativement entre les sourcils, Ajna est le célèbre « troisième œil ». Il est connecté avec la glande pituitaire, ou hypophyse, et à l'hypothalamus. Il nous aide à parvenir à la sagesse à travers toutes les épreuves de la vie, en stimulant notre faculté de discernement qui aboutit au détachement, laquelle est favorisée par la méditation à ce niveau. Le mantra associé est le OM, la couleur, l'indigo, le métal, l'argent, ainsi que des plantes comme la menthe, le genévrier, le romarin, la lavande et des pierres comme le lapis-lazuli et le saphir étoilé. Le don d'intuition, de prophétie et de voyance procède d'Ajna.

Le septième chakra : Sahasrara

Placé au sommet de la tête, à la fontanelle, ce chakra couronne ferait la connexion avec notre glande pinéale et notre perception spirituelle. Son nom signifie « mille fois autant », et il représente le plus haut niveau de conscience d'un être humain. C'est le centre de l'illumination, et il est d'ailleurs représenté par l'auréole des saints. Il transcende l'action de tous les autres chakras, ouvre les portes du Royaume du Tout. Sa couleur est le violet, sa pierre est l'améthyste ou le diamant, son mantra est AM SO, son métal est l'or. Les huiles essentielles associées sont la verveine, la rose et l'encens. La méditation à son niveau développe le don de recevoir l'Amour et d'acquérir la conscience cosmique. Mais il est essentiel, pour cela, de prendre appui sur son chakra racine : toute recherche spirituelle exige un ancrage solide que l'on va renforcer en se reliant à l'aspect concret de la vie.

4

S'ancrer dans sa pleine puissance de femme

Il est possible d'avoir deux attitudes distinctes par rapport aux événements de notre vie : soit on accepte d'en être l'actrice principale, en en prenant la pleine responsabilité, soit, d'une manière opposée, on se transforme en victime, niant tout ce qui ne nous convient pas dans notre existence. Cette victimisation, parfois inconsciente, consiste à rejeter constamment la « faute » de ce que l'on vit sur les autres, souvent sur les hommes, ou sur quelque chose, dans tous les cas sur un élément extérieur à soi. On a beau le savoir, l'avoir entendu mille fois, il faut le redécouvrir par soi-même pour que ce principe prenne sens. Souvent, l'acceptation de cette responsabilité passe par la maladie, l'accident ou la dépression, le vide de la solitude et la prise de conscience que, même au fond du trou le plus noir, personne ne peut vivre à notre place. La souffrance nous rend sujet, ou plutôt non pas tant la souffrance que la rencontre de la réalité brute, en ce qu'elle fait effraction dans nos rêves d'éternité et nos illusions de toute-puissance, nous impose de reconnaître nos limites et nos imperfections.

Celle qui joue la victime aura tendance à dire « ce n'est pas ma faute », « c'est toujours à moi que ça arrive », refusant sa responsabilité dans ce qu'elle vit. Or, ce qui nous fait le plus progresser en tant qu'être humain, c'est probablement l'inverse : c'est-à-dire l'expression de son ressenti, l'acceptation – des obstacles, des désillusions, et la force déployée dans ces instants-là – et la responsabilisation. Pour éviter de demeurer dans le rôle de victime, il convient de récupérer le pouvoir sur sa vie, d'assumer la responsabilité de son vécu. À 100 %. Être responsable, étymologiquement, c'est être « apte à répondre », ce qui signifie que l'on accepte de répondre de ses actes, même uniquement envers soi-même, et d'assumer de vivre les conséquences de ses choix, que ceux-ci nous semblent positifs ou négatifs.

Être responsable, c'est savoir nommer ses besoins et ses émotions, qui seront le moteur même de ce qui nous anime – lorsqu'on agit en pleine conscience, on grandit, on se renforce dans le respect de soi, bref, on est responsable de soi-même. Et si ce que nous avons fait ne génère pas le résultat escompté, au moins aurons-nous été fidèles à notre ressenti. La vie n'est simple pour personne. Cependant, elle offre à chacun un merveilleux cadeau : la liberté de ce qu'il en fait. Il n'y a aucune fatalité, uniquement des opportunités, des défis à relever, des choix à faire. Si l'on agit toujours avec sa force de conviction, alors on évitera toute déception, sachant que nous avons donné le meilleur de nous-mêmes, que nous nous sommes respectés, l'important étant d'être à l'écoute de soi-même, de se prendre en charge (sans attendre que quelqu'un d'autre le fasse à notre place, surtout pas un père, un mari, un compagnon), d'apprendre à exprimer et satisfaire nos propres besoins par l'expression de soi et l'action en toute conscience et transparence… Sans craindre de contredire ni de contrarier les autres. Trop souvent, nous fonctionnons en mode automatique, sans réelle prise sur la réalité. Ainsi, selon une étude de Matt Killingsworth et Daniel Gilbert, chercheurs à Harvard, notre esprit vagabonde la moitié du temps[1]. Nous avons alors l'impression de subir et d'être à la merci du hasard, des autres, du passé, des circonstances extérieures, de la météo du jour. Nous avons du mal à en prendre véritablement la maîtrise, le pilotage…

Attention pourtant, assumer sa responsabilité n'a rien à voir avec la culpabilité. On peut être 100 % responsable sans être coupable de quoi que ce soit. Mais on assume alors pleinement les impacts de nos choix, de nos non-choix et de tout ce que la vie nous propose. On fait face aux conséquences de tous les événements, sans s'autoflageller, parce que l'on a conscience que l'on a fait du mieux que l'on pouvait et que l'on n'a donc rien à se reprocher. Parallèlement, on laisse l'autre assumer la pleine responsabilité de sa vie à lui, car on ne peut pas assumer pleinement la nôtre si on assume la part de quelqu'un d'autre.

---

1. Matthew A. Killingsworth & Daniel T. Gilbert. « A Wandering Mind Is an Unhappy Mind », *Science*, vol. 330, n° 6006, 2010.

5

Retrouver confiance en soi

La confiance n'est pas innée. De l'enfance à la fin de notre vie, nous passons notre temps à nous évaluer, à travers le regard des autres mais également à travers la représentation que nous avons de nous-mêmes. Un peu plus d'estime de soi, d'expérience et de volonté peut alors nous permettre de regarder la vie avec davantage de douceur et de sérénité, surtout, nous permettre d'affirmer notre unicité, voire parfois notre vulnérabilité. C'est par la confiance que l'on peut oser se mettre au centre de notre existence, pour jouer pleinement notre rôle au monde, là où l'on en a besoin, là où il en a besoin.

La confiance en soi est un ressenti subjectif, c'est une représentation que l'on a de soi-même, par rapport à soi, par rapport aux autres. Elle constitue une sorte de filtre au travers duquel on va percevoir la vie. C'est un sentiment absolument nécessaire. Trop de confiance en soi cache souvent un trouble, qui peut conduire au manque de discernement, à l'excès, à l'abus de pouvoir. À l'inverse, un grand manque de confiance peut générer une forme de dépression, une façon de se mettre en retrait de l'existence. On n'est alors plus capable de s'appuyer sur soi-même pour agir. Pour ressentir cette assise de la personnalité qu'est la confiance en soi, un certain nombre d'éléments doivent être réunis. Un lien affectif solide, construit avec la figure d'attachement que sont les parents, est essentiel à la constitution de ce fort sentiment d'identité, d'existence. Lorsque l'enfant se sent soutenu, encouragé, observé avec amour, il se sent aimable, au sens fort du terme. S'il est aimable, alors il peut s'aimer lui-même. Cette ressource se renouvelle, se construit tout au long de l'enfance, et même de la vie.

La confiance en soi, en particulier au féminin, est un chemin. Toutes les études montrent que les femmes se sentent plus fragiles que les hommes, posant elles-mêmes des limites à leurs ambitions et leur évolution. Question d'éducation ? Probable ! On leur apprend à moins se mettre en avant, à être moins conquérantes (même si les choses semblent évoluer et que les jeunes femmes de la génération Y[1] semblent avancer avec davantage d'assurance), aussi à être plus exigeantes, en particulier avec elles-mêmes. Ce manque de confiance les pénalise fortement sur le marché du travail : on parle de « *confidence gap* », soit l'écart de confiance en soi qui sépare les hommes et les femmes au niveau

1. Cette génération correspond aux personnes nées entre 1980 et l'an 2000. On parle aussi de « *digital natives* », ou « *Net generation* ».

professionnel. Pourtant, de bien des points de vue, au départ, les femmes ont tout pour réussir : en 2012, plus de 70 % des meilleurs étudiants d'université aux États-Unis étaient des femmes. Plus de femmes que d'hommes sont des diplômés universitaires, depuis plusieurs décennies déjà. Lorsqu'elles sortent de l'école, elles sont 53 % contre 47 % des hommes à trouver un emploi[1]. Pourtant, au fil du temps, les tendances s'inversent : seulement 26 % d'entre elles atteignent le niveau de vice-présidente ou plus ; elles ne sont que 17 % à siéger aux conseils d'administration des entreprises. Toutes les données statistiques démontrent que le fameux plafond de verre est plus bas et plus épais que nous pourrions le croire. Alors qu'au départ les ambitions des unes et des autres sont identiques : un besoin de s'accomplir, d'avoir la reconnaissance de ses pairs et d'être honoré pour son travail ou son talent. Au-delà des critères sociaux (accompagnement de la maternité, éducation des enfants, gestion du quotidien), l'environnement professionnel freine aussi à sa manière le déploiement des femmes : l'histoire du neuroscientifique transsexuel Ben Barres de l'Université de Stanford est à cet égard édifiante. Il expliquait qu'en tant qu'homme on le traitait avec plus de respect et qu'on l'interrompait moins souvent, et il relate l'anecdote où il entendit un autre professeur de Stanford dire : « Ben Barres a donné un séminaire vraiment super aujourd'hui, mais ce n'est pas surprenant puisque son travail est tellement meilleur que celui de sa sœur. » Sauf que la sœur en question n'était nulle

1. Données publiées par McKinsey Research.

autre que Ben Barres lui-même, lorsqu'il s'appelait encore Barbara... Difficile, dans ces circonstances, de garder confiance. Pourtant, à force de cheminer et de travailler, les femmes y parviennent. Une étude réalisée par un cabinet de conseil en management[1] le montre parfaitement : ainsi, la confiance en soi des hommes augmente jusqu'à leur jeune quarantaine, période à laquelle ils connaissent une crise dans ce domaine. Elle repart ensuite à la hausse pour de nouveau décliner après 55 ans. *A contrario*, les femmes ont moins confiance en elles au début de leur carrière que les hommes, mais progressent continûment à cet égard de 25 à 65 ans. Elles achèvent leur parcours professionnel en étant plus sûres d'elles que leurs collègues masculins. Le fruit, selon moi, d'un long processus de maturation, de dialogues intérieurs (et extérieurs !), de remises en question, et de détermination.

Pour restaurer son sentiment de sécurité intérieur, il faut se réapprivoiser, faire des expériences, avancer progressivement du plus simple au plus compliqué, sans objectifs trop ambitieux, au risque de se mettre en échec soi-même. Le mieux est souvent de passer par des chemins de traverse : du sport, de la cuisine, quel que soit le loisir, peu importe, l'important étant de retrouver de soi une image aimable, même s'il ne s'agit pas du domaine dans lequel nous avons été potentiellement blessés. Doucement, nous pourrons renouer avec ce regard bienveillant que nous devons porter sur nous. C'est une psychologie de la vie quotidienne. Pour autant, nous avons aussi besoin de la reconnaissance

1. Zenger/Folkman, 2016.

des autres pour être « renarcissisés ». Alors, n'ayons pas peur de le dire, de le demander, de solliciter leur présence et leur indulgence aussi. Ce sera un grand pas. En revanche, si cette confiance est profondément altérée, au point de nous plonger dans l'angoisse ou la peur, alors une approche thérapeutique sera probablement à envisager. Car la confiance que nous avons envers nous-mêmes fait totalement écho à celle que nous accordons aux autres et à celle que nous avons envers la vie.

6

Développer son intuition

Albert Einstein définissait l'intuition comme une « sensation au bout du doigt[1] ». Nous pouvons la percevoir de multiples manières, comme une petite voix intérieure qui conseille, une certitude fulgurante qui s'impose ou encore une réaction corporelle plus ou moins intense. Certains vont en tenir compte, d'autres la refouler ou l'ignorer. L'intuition est pourtant une faculté à la portée de tous, à condition d'y travailler, et avant même cela, à condition d'y croire. Car si dès le départ l'on est convaincu que cela ne va pas marcher, ce n'est même pas la peine d'essayer… Toutes les réponses risqueraient d'être teintées de cette incrédulité. Si, en revanche, on souhaite développer ce sixième sens tellement important, il est juste nécessaire d'y consacrer un peu de temps. Et cela porte bonheur ! Le psychologue Richard Wiseman, qui a travaillé sur la chance, a en effet identifié chez les chanceux deux

1. *Fingerspitzengefühl*, en allemand.

caractéristiques : ils croient en leur baraka et ils suivent beaucoup plus leur intuition que les malchanceux.

« L'intuition est un don sacré et la raison, une fidèle servante. Nous avons créé une société qui honore la servante en oubliant le don. » En quelques mots, Einstein note la bascule qui s'est opérée dans nos pensées, soulignant l'hégémonie de la rationalité à laquelle nous sommes confrontés, qui nous a fait perdre de vue l'importance de notre intuition. Première piste pour la retrouver : essayer de tenir un carnet où noter toutes les informations, pas forcément rationnelles, qui traversent notre esprit, tout ce qui nous vient, en général au quotidien ou lorsque l'on fait des exercices, sans juger le contenu ni avoir le moindre avis. Il s'agit avant tout d'affiner son instrument intérieur et également de percevoir *a posteriori* (là aussi sans jugement) à quel moment nous étions dans le juste et à quel moment ce ne l'était pas. Car la mauvaise intuition n'est pas de l'intuition mais un désir, un préjugé, une projection, une fantaisie de l'imagination prise pour une intuition. L'intuition est une seconde de clairvoyance, par définition impromptue. D'où l'importance de cultiver une attitude intuitive au fil du temps, laquelle constitue un choix et un art de vivre, dont voici quelques clés.

Se relaxer régulièrement. Le stress est le pire ennemi de l'intuition. Plus on est détendu, plus on est perméable aux multiples messages de la vie. Pour ce faire, on peut simplement prendre quelques respirations, les plus amples possibles, mais aussi pratiquer un protocole de relaxation, en s'installant confortablement sur un lit ou un canapé et en relâchant ses muscles progressivement au fil des respirations. On peut alors s'interroger : De quoi ai-je besoin pour être davantage conscient ? Quelle direction dois-je prendre dans ma vie en ce moment ? Cette personne est-elle bonne pour moi ? On note ensuite les réponses en évitant autant que possible de les passer au tamis du mental, même si cela ne nous parle pas ou ne semble guère avoir de sens (au premier abord, en tout cas).

Faire preuve de patience. Parfois, on a des réponses très rapides, parfois, il est nécessaire d'attendre. Parfois, elles ont du sens, parfois pas, et il est encore nécessaire d'attendre un peu pour les décrypter. Dans la pratique même de l'intuition, il est important de savoir patienter. C'est un chemin, un apprentissage qui prend du temps. D'où l'importance de s'entraîner avec régularité, au risque sinon, lorsqu'on aura besoin de s'interroger sur quelque chose d'important, de ne pas être assez expert pour pouvoir se fier à la réponse… D'ailleurs, on attend en général d'avoir plusieurs signes concordants pour passer à l'action, surtout si celle-ci engage un vrai changement dans la vie. C'est toute la question du discernement. Une intuition, aussi évidente soit-elle, ne signifie pas qu'il faille tout bouleverser de fond en comble immédiatement.

Être honnête avec soi-même. Chacun d'entre nous est le juge ultime de ses expériences. Le fait de noter par écrit nos intuitions nous permet d'acquérir toujours plus de recul et de confiance, de ne pas tout prendre pour argent comptant, de ne pas chercher des excuses derrière nos erreurs. Il est important de s'efforcer de faire la différence entre les faits et leur interprétation basée sur des émotions et des désirs qui peuvent être trompeurs. Même s'il existe des perceptions extrasensorielles, il est inutile de chercher à en voir partout.

Cultiver la transe. Dans sa forme légère, elle favorise dans le cerveau le phénomène de synesthésie, c'est-à-dire la coopération entre tous les centres cérébraux, source d'intuition et de créativité. Lorsque l'on évoque la transe, on pense à des pratiques plus ou moins ésotériques, servant à invoquer les esprits au sein de tribus exotiques. C'est oublier qu'elle fait partie depuis toujours de notre quotidien, les rondes populaires dans les bals étaient des pratiques de transe, tout comme les fêtes techno actuelles. Loin de nous inviter à des voyages au-delà de notre réalité, son objectif est, au contraire, de nous ramener dans notre corps, loin de notre ego et des histoires qu'il se raconte, afin de se reconnecter en profondeur à qui l'on est. En soi, le principe de la transe est assez simple. Il s'agit de danser sur une musique intense et rythmée, afin de parvenir à s'oublier et de laisser son corps exprimer ce qu'il a à exprimer. Rien que de très évident. En principe ! Car lâcher le contrôle de son mental sur son corps est plus complexe qu'il n'y paraît. La transe est un travail basé sur la musique et des inductions variées afin d'aider le corps à entrer dans un espace de transformation, soit en faisant des mouvements systématiques des jambes, soit de la tête, soit des pieds, en les répétant et les répétant quasi infiniment, jusqu'à ce qu'épuisé il finisse par lâcher sa volonté et qu'il entre dans la transe. Cette exploration du lâcher-prise, l'écoute des résistances

– le mal au cœur diaphragmatique, par exemple – permettent alors de révéler les différentes empreintes et emprises auxquelles nous sommes tous confrontés. On peut dire qu'elle correspond à tout un travail de dépossession salutaire. Quelque chose qui était organisé se désorganise pour se réorganiser autrement, en laissant s'immiscer toujours un peu plus d'énergie, de présence au monde et d'intuition.

Aller plus loin

Ceux qui le souhaitent peuvent aussi développer leur médiumnité, la première chose à faire consistant à se dépouiller de tout ce que l'on croit et veut savoir. Au contraire, il faut désapprendre ! On cherche à faire le vide (extérieur et intérieur), notre mental produisant environ 80 000 pensées par jour qui viennent brouiller notre intuition et nos ressentis profonds. Par le silence, l'attention à notre environnement, la méditation, nous apprenons à lui donner de moins en moins d'importance et affinons au fil du temps notre sensibilité. Nos canaux intérieurs se font alors plus précis et plus justes. Et nous avons la joie de nous sentir davantage connectés à nous-mêmes et au monde. Il existe néanmoins quelques exercices pour aller encore plus loin.

La promenade sans but. L'exercice consiste à aller se promener en ville ou sur un marché, sans avoir avec vous ni argent ni moyen de communication. Le projet n'est pas de faire quoi que ce soit, ni de faire un détour pour en profiter, mais juste de se laisser prendre par la vie qui s'exprime autour de soi, les sons, les couleurs, les bruits. Chaque fois que quelque chose vous attire, arrêtez-vous quelques instants pour vous emplir de cette sensation, puis dites-lui au revoir et continuez à déambuler. C'est le fait de n'avoir aucun but qui fait de cette expérience un véritable apprentissage.

Le temps de l'imprégnation. Cette fois, vous avez justement l'intention de vous acheter quelque chose, et vous avez donc votre porte-monnaie avec vous ! Mais plutôt que de faire votre course à la va-vite, prenez le temps de regarder ce qui vous entoure, de déambuler dans les rayons, d'attirer à vous toutes ces richesses, sans penser de manière rationnelle à ce dont vous avez besoin. Une fois toutes ces perceptions absorbées, vous vous apercevrez que votre désir de consommer et de posséder est bien calmé. Vous pourrez alors choisir d'acheter ce qui vous est vraiment nécessaire.

La vie dans le noir. Chez vous, une fois que vous aurez rangé tout ce qui serait susceptible de représenter un danger, bandez-vous les yeux et vaquez ainsi à vos occupations. Mangez, écoutez la radio, respirez vos plantes. Prenez le temps. Appréhender le monde sans notre vue est très intéressant car cet organe des sens est très trompeur (et vraiment dominant dans notre monde).

Le travail sur les rêves

Les rêves constituent également un moyen d'accès puissant à de nombreuses informations conscientes et moins conscientes : il est possible, dans un premier temps, d'y être vigilant, de les noter dès son réveil et de chercher à s'en imprégner par la relecture afin de voir s'ils sont porteurs de messages pour notre vie, s'ils nous invitent à aller dans une direction, et ce, sans forcément chercher à les interpréter. Ce faisant, nous explorons notre propre conscience, exploration qui peut avoir un impact personnel, artistique ou spirituel, ce dernier cas étant particulièrement important lorsque l'on cherche à s'initier à de nouvelles pratiques plus ou moins ésotériques.

Des outils pour affiner nos intuitions : le pendule et le tarot

Le pendule

Il est vraiment simple de s'en servir ! En fait, le pendule n'est que le prolongement de notre propre sensibilité, de notre intuition personnelle, une antenne en quelque sorte. Les réponses sont en soi et le pendule permet d'y accéder… à condition que le mental ne s'en mêle pas ! Procurez-vous un pendule dans une boutique de bien-être (même si n'importe quel objet ou presque – une médaille, des clés de voiture… – peut en faire office s'il est possible de le suspendre à une ficelle de manière équilibrée), en choisissant celui qui vous plaît, celui vers lequel vous vous sentez appelé. Une fois chez vous, lavez-le à l'eau claire et séchez-le avec un linge propre (on le nettoie d'ailleurs régulièrement sous un orage et on le sort lors des esbats de pleine lune). Avant de l'utiliser, posez-le, faites silence et détendez-vous. Le pendule se tient avec la main non directrice (la main gauche si vous êtes droitière et *vice versa*) entre le pouce et l'index, poignet relâché (en principe, il vaut mieux éviter que le coude repose sur une table, mais certaines personnes sont vraiment plus à l'aise ainsi, donc à chacun et chacune de voir ce qui est le plus agréable et confortable). Positionnez votre main directrice sous votre pendule, paume tournée vers le haut. Et respirez profondément.

La première étape consiste à établir un protocole, chacun le sien, pour savoir quand le pendule va dans le sens de la vie et quand elle va dans le sens contraire : selon les personnes, il effectuera un mouvement rotatif ou linéaire, qu'il s'agira d'identifier. Pour cela, dites à haute voix : « Je veux un oui. » En général, le pendule tourne dans le sens des aiguilles d'une montre (mais cela peut aussi être le contraire, ou de droite à gauche, ou de gauche à droite). Quelle que soit cette réponse, retenez qu'elle correspond au oui.

Il est aussi possible de tester son pendule au-dessus d'un verre d'eau et de poser la question: « Ce verre est-il plein ? », Il répondra alors spontanément, le déplacement correspondant au oui, car le corps humain perçoit la présence de l'eau de manière instinctive. Vous pouvez ensuite vous entraîner en interrogeant le pendule avec différents produits (du sucre, du pain, du chocolat, du produit de vaisselle) : « Puis-je en consommer sans danger ? » Le pendule répondra alors oui ou non. Surtout ne vous découragez pas si les réponses semblent erronées dans un premier temps. Tout est une question d'entraînement et de détente. Enfin, la manière dont on pose la question est importante : celle-ci doit être simple et fermée (les seules réponses possibles étant oui ou non).

L'art du tarot

Si la sorcière utilise une multitude de méthodes afin de lire l'avenir, la plus utilisée reste encore le tarot de Marseille[1]. Sa pratique est assez simple, même si elle nécessite un certain entraînement. Plus on y met d'engagement et de rigueur, plus notre regard intérieur sera efficace et pertinent. Avant de se lancer, la priorité consiste à se détendre. On peut allumer une bougie, et contempler ensemble sa flamme sans parler. Il est préférable que le reste de la pièce soit plongé dans l'ombre. On peut partager une infusion d'anis, de thym et de camomille, dont les propriétés magiques aideraient à mieux percevoir dans le cœur de qui s'adresse à nous. Puis on laisse le consultant ou la consultante battre les cartes, jusqu'à ce qu'il estime que c'est suffisant. On étale ensuite celles-ci sur un tissu spécial réservé à cet effet, avant de commencer la lecture… Le tarot ne transmet pas un savoir figé contenu dans

1. Merci à Véronique Baligan-Bertrand pour l'initiation dont j'ai eu la chance de bénéficier à ses côtés, toute d'ouverture, de finesse et de bienveillance.

ses images, il interroge la connaissance que nous portons en nous tous. Ces images symboliques permettent davantage de créer notre devenir grâce à la connaissance du présent, de ce qui nous constitue. Le tarot, plein de sagesse, n'enferme personne dans la fatalité d'un destin tout tracé mais invite davantage à prendre conscience des situations, des problématiques présentes pour nous conduire vers notre vérité et la réalisation de notre futur.

Le tarot est une union d'arcanes qui sont autant de panneaux indicateurs sur le chemin du développement de la conscience et de la découverte de soi. Il y a 22 arcanes majeurs (et 56 mineurs qui peuvent apporter de la précision, de la finesse dans les quatre domaines qu'ils représentent : la vie mentale, la vie affective, la vie créative et sexuelle, et la vie matérielle). Les 22 arcanes majeurs symbolisent le chemin initiatique avec diverses portes à ouvrir, différentes pistes à explorer, afin d'accéder à un état de conscience éclairé.

Lorsque l'on souhaite juste expérimenter cette pratique, il est possible de le faire très simplement : il suffit de poser (ou de faire poser) une unique question, si possible à voix haute, et de tirer une unique carte. On va ensuite lire l'interprétation correspondante : la réponse est là.

Lorsque l'on souhaite aller un peu plus loin et s'initier selon les règles, le tirage en croix est idéal. Simple et réalisable par tout le monde, il se fait à l'aide de cinq cartes disposées en croix (on n'utilise alors que les 22 lames – ou arcanes – majeures).

On pose d'abord la lame de gauche, qui représente la personne qui pose la question, puis la lame de droite représentant les circonstances extérieures ; la lame en haut indique l'état d'esprit, l'inspiration, et en bas, c'est le résultat. L'addition des 4 lames donne un cinquième arcane : la synthèse. On la place au milieu de la croix. Lorsque cette addition donne un nombre supérieur à 22, on additionne les deux chiffres sur la lame. Si cet arcane est le même qu'un autre présent dans le jeu, on additionne trois lames en excluant celle qui correspondait au résultat précédent. Quand la carte du Mat est en bas, c'est qu'il n'y a pas de réponse ou que la question est formulée de manière trop imprécise ou incorrecte, que ce n'est peut-être pas le moment juste pour apporter une réponse.

Voici une première interprétation des lames[1].

I. Le Bateleur. C'est la carte du mouvement et de la transformation : le jeune homme, debout devant sa table regroupant un grand nombre d'éléments, part gagnant, plein d'enthousiasme. Il représente le Destin de l'homme face à tous ses possibles, en route vers sa destinée. Il a de nombreux outils à sa disposition, peut apprendre diverses choses, a plusieurs pistes potentielles à faire éclore. Le Bateleur est

1. Si vous souhaitez aller plus loin, vous pouvez lire l'ouvrage de Simone Berno, *Les 22 portes du tarot, un parcours pour mieux vivre*, Solar, 2016.

donc le symbole du nouveau départ, des projets, des nouvelles relations, des opportunités. Le piège qui se dresse pour lui, c'est son trop-plein de désir, et par conséquent le risque de s'illusionner. En effet, son élan, sa fougue sont tels qu'il lui arrive d'emprunter le mauvais sentier, de prêter attention à des futilités, de parfois se laisser aller à la facilité. En fait, sa faiblesse mais aussi sa force résident dans sa jeunesse. Sa coiffe, la lemniscate (en forme de huit renversé, symbole d'infini) exprime les multiples possibilités qui s'ouvrent à lui. Cette carte parle donc d'emballement, d'enthousiasme, parfois d'excès et de passion. Toujours avec le sourire.

II. La Papesse. Cette femme assise, au regard sévère, est en train de lire un livre : la Papesse symbolise l'étude, l'autorité spirituelle, la richesse intérieure, l'engagement. Mais aussi la patience, l'observation, la bienveillance. Avec elle s'ouvre l'initiation, elle invite à passer de l'autre côté, à aller au-delà du rideau de la connaissance qui se dresse derrière elle. Sur ses genoux repose le livre de la vie, celui des mystères de l'initiation. Mélange de force et de majesté, sa seule présence impose le respect : son regard est orienté vers la droite, exprimant sa confiance en l'évolution, l'avenir. Elle nous invite à faire de même, à emprunter notre propre route spirituelle, autrement dit, à partir à la quête de nos pouvoirs perdus. D'une fidélité à toute épreuve, on peut lui confier nos secrets, car son écoute est attentive et elle sait trouver les mots qu'il faut pour apaiser et éclairer. Mais elle peut aussi représenter l'attente, l'isolement.

III. L'Impératrice. C'est une maîtresse femme, une femme réalisée, bien ancrée, bien incarnée : elle est jeune, couronnée, assise sur son trône, tenant dans sa main son bouclier représentant un aigle. Et elle a des ailes dans le dos. Elle aime s'exprimer, dire ce qu'elle pense, diriger, même si elle reste attachée à certaines règles de la tradition. Lucidité et ambition sont ses mots clés. Énergique et intelligente, elle sait anticiper, faire face, assumer ses choix. Mais attention, elle peut être assez tranchée : elle aime ou elle n'aime pas, et ne fait donc pas dans la demi-mesure ! Elle sait prendre sa vie (et celle des autres) en main. Dans un jeu, elle symbolise donc l'énergie positive, la maîtrise, ainsi que l'autonomie. Elle peut aussi représenter un nouveau départ, vers davantage de réussite et de succès.

IIII. L'Empereur. Cette lame, qui représente un souverain sûr de lui avec son bouclier posé à ses côtés, symbolise le pouvoir, la réalisation, la persévérance dans l'action (jusqu'à l'entêtement parfois), la force. Stable, confiant, on peut compter sur l'Empereur, sur sa force et sa volonté. Même s'il reste conscient de la nature éphémère des choses et donc de la nécessité de se rattacher à plus grand que lui : avec l'Impératrice, il représente le pouvoir temporel. C'est quelqu'un qui construit, un bâtisseur de cathédrales, qui aime anticiper tout en restant dans le principe de réalité. Il interagit positivement avec la matière, apprécie ce que la vie propose : la sexualité, l'argent, la nourriture, l'engagement dans le présent. Il est protecteur, bienveillant (en particulier avec l'Impératrice – qui le lui rend bien, d'ailleurs). C'est un homme droit, fidèle, qui apprécie le juste milieu. Cette carte représente la phase de concrétisation d'un projet, le temps de l'action. Elle souligne la capacité que l'on a à mener des batailles, ainsi que des équipes, afin d'atteindre les buts que l'on s'est choisis. Elle parle aussi de réussite en amour et d'engagement dans le couple.

V. Le Pape. Autorité spirituelle au rayonnement solaire, guide plein de sagesse, cet homme solennel et sûr de lui semble être parvenu à unir la voie du cœur et celle de la raison en une belle complémentarité. Son rôle est clair : transmettre ce qui lui vient des dimensions supérieures sans rien vulgariser, réunir ce qui s'oppose en nous, dépasser la dualité. Pour parvenir à remplir sa mission, sa force semble illimitée. Il incarne l'amour inconditionnel, l'amour de l'humanité, dans le respect de l'autre et de ses valeurs. Rassurant, équilibré, il n'a pas toujours conscience que tout le monde n'est pas comme lui. Entre droiture et clairvoyance, cette carte invite à aller vers davantage de paix et de réussite. Elle parle de stabilité, d'échange et de construction, même si elle peut parfois chercher à souligner une forme de rigidité.

VI. L'Amoureux. Cet homme entouré de deux femmes, l'une plus jeune, l'autre plus âgée, semble être écartelé. À l'heure du choix, il doit prendre une décision, et celle-ci n'a pas l'air si simple : À quoi doit-il donner la priorité ? Ses pulsions, sa liberté, ses attirances, même si celles-ci peuvent changer ? Ou bien ses responsabilités et ses engagements ? Il va devoir acquérir de la maturité et changer radicalement dans sa manière de vivre et d'aimer, tenir compte des autres, jusqu'à parfois se mettre à leur service. Oui, cette carte parle d'amour, mais elle est aussi bien plus que ça : c'est une lame d'honnêteté, de sincérité (avec soi-même avant tout), d'attention à son intuition profonde. Elle met également en garde contre nos choix affectifs parfois illusoires, nos tentations sans lendemain, nos coups de cœur, elle invite donc à faire preuve d'un peu de prudence lorsque l'on se sent porté et emporté par l'amour…

VII. Le Chariot. Cette carte représente une personne en équilibre dirigeant son attelage sans rênes : elle semble être parvenue à maîtriser ses émotions et à se libérer de la matière. Elle est à une étape importante de sa vie, connaît le succès et la reconnaissance, elle aime avec fougue et passion. Après une pause, un instant de suspension, elle s'élancera vers les prochaines initiations, accédera à des connaissances plus profondes, pourra créer des liens alchimiques avec les autres. Cette carte symbolise la réussite dans le travail ou la concrétisation de projets amoureux, en tout cas, la rencontre entre des aspirations et la réalité. Vous aurez l'énergie d'avancer, de vous mettre en mouvement et de déplacer des montagnes. Attention, cependant, à ne pas vous éparpiller ni vous épuiser, et à rester fidèle à vos valeurs afin de bénéficier des plus hautes protections.

VIII. La Justice. Raide, disciplinée, pleine d'autorité à la fois temporelle et spirituelle, assise face à nous, sans sourire ni fioritures, elle semble nous inviter (avec rigueur) à mettre en accord nos pensées, nos paroles et nos actes. Sa priorité : une quête d'équilibre et d'harmonie, de manière extrêmement consciente et lucide. Elle sait se montrer équitable, mais aussi exigeante et tranchante quand il le faut. Selon elle, rien n'est futile. Elle fait ce qu'elle dit et dit ce qu'elle fait, dans tous les domaines de sa vie. Il s'agit d'une carte d'évolution, de transformation, de fin de cycle, elle symbolise une forme de mort initiatique. C'est pourquoi la Justice nous invite à faire un premier bilan de nos actions et de notre vie, et en fonction de ceux-ci à poser des choix importants. Inutile de lui résister, elle a la puissance et la sagesse avec elle.

VIIII. L'Ermite. Même si ce vieil homme a l'air âgé et un peu perplexe, l'Ermite est un maître sachant utilement conseiller. Parce qu'il a tout expérimenté, est venu le temps pour lui de prendre du recul, de faire le point, de s'isoler. Porteur du manteau bleu de la spiritualité, il illumine, rayonne l'être accompli qu'il est. Il vient rappeler à tout le monde que la quête spirituelle est un chemin personnel, solitaire, avec laquelle il est impossible de tricher si l'on souhaite accéder à d'autres plans de la réalité. C'est un chercheur, un marcheur, qui passera à l'action après le temps nécessaire de la réflexion et de la remise en question. Cette carte parle de sincérité dans ses engagements, d'implication nécessaire sur la durée qui aboutira au succès si l'on parvient à ne pas baisser les bras.

X. La Roue de Fortune. Malgré son nom, cette carte donne une étrange sensation : on voit une roue qui semble tourner sans fin et dont on aurait du mal à s'échapper, un cercle infernal guère réjouissant sur lequel un chien, un singe et un sphinx sont installés. Un conflit semble latent, conflit entre les énergies matérielles et les énergies spirituelles : comment faire pour que ces deux courants soient en équilibre dans nos vies, comment donner une juste place à chacun d'eux ? Cette carte évoque également la loi du karma :

ce que l'on n'a pas compris va se répéter dans toutes nos vies, jusqu'à ce que nous l'intégrions pour pouvoir enfin le dépasser et évoluer. Il deviendra alors possible de changer de plan.

XI. La Force. Pour le moins paradoxale, cette carte maîtresse représente une femme qui maintient la gueule d'un lion grande ouverte. Elle semble faire preuve d'une forte autorité et maîtriser les pulsions animales. Sa coiffe en forme de lemniscate symbolise l'infini, coiffe qui couvrait déjà la tête du Bateleur de la première carte. Nous sommes effectivement à mi-parcours de la quête initiatique. Cette carte nous invite à ne pas nous détourner de ce qui pourrait faire obstacle sur notre chemin, mais au contraire à s'y confronter afin de mieux le « dompter » puis l'intégrer. Si cette carte peut évoquer la réussite et la victoire, ce sera grâce à une prise de conscience profonde associée à une réelle persévérance.

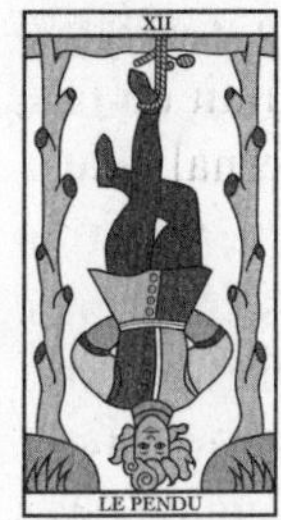

XII. Le Pendu. Cette carte bien connue porte donc l'image d'un pendu : mais si le personnage est effectivement à l'envers, avec la tête en bas, l'ensemble du paysage l'est aussi. C'est le monde à l'envers ! C'est comme si certaines attaches nous entravaient encore, nous empêchant d'évoluer réellement. Un temps de renoncement et de gestation semble nécessaire. Ce n'est donc pas le moment de s'agiter, mais au contraire d'essayer d'intégrer tout le chemin déjà parcouru, et de changer de regard sur ses attentes et ses possibilités.

XIII. La Sans Nom. Impressionnante, cette carte est parfois dite de « la Mort, » avec ce squelette qui semble être en train de faucher un champ de cadavres… Sa signification est claire : il va falloir en passer par une transformation de la totalité de l'être. Ici, pas de négociation, ni de demi-mesure. Pour se régénérer, il faut se sacrifier. C'est une transition et une épreuve : peut-être faut-il se remettre en question, redéfinir ses objectifs, ne pas s'acharner à rester dans une situation qui ne convient plus. Moins il y a de résistance, plus le passage vers une nouvelle vie peut se faire en douceur. Une page se tourne pour laisser place à un nouveau chapitre de la vie.

XIIII. La Tempérance. Également appelée « l'Ange Solaire », cette lame représente une femme (avec des ailes) qui tient une cruche dans chacune de ses mains, de l'eau circulant entre celles-ci. Elle symbolise la circulation fluide et harmonieuse des énergies. Signe d'apaisement, de guérison (surtout après la carte précédente !), elle souligne que l'épreuve est passée, et bien passée. Il est donc temps de lâcher prise, d'abandonner les dernières contraintes, dorénavant inutiles. Le passage se fait du conflit à la communication et au compromis, de l'impatience à la sagesse, de l'inquiétude à la stabilité.

XV. Le Diable. Cette carte invite à s'interroger sur le plaisir des sens ainsi que sur la sexualité et la violence. Dans de nombreuses pratiques occultes, l'énergie sexuelle est considérée comme particulièrement puissante, jusqu'à parfois permettre l'accès à d'autres niveaux de conscience. Cette carte interroge donc sur les notions de dépassement, de transcendance, mais aussi sur les moyens utilisés pour se réaliser. Si elle souligne de manière positive la présence de magnétisme et d'intuition dans la vie, elle demande également d'être vigilant quant à des prises de risque éventuelles, voire un danger potentiel.

XVI. La Maison Dieu. Vous connaissez le chamboule-tout ? C'est un jeu où l'on s'amuse à tout faire tomber. Cette carte est un peu à cette image : elle représente une grande tour d'où semblent tomber deux personnages, la tête à l'envers. Alors que tout semblait si bien en place, patatras, tout s'effondre ! Comme si une punition risquait de frapper tous ceux qui pensaient être enfin arrivés, faute de discernement et d'humilité (on parle parfois d'« orgueil spirituel »). Pas de doute, cette carte annonce des changements, des bouleversements et des transformations quasi immédiates. Pour entamer une reconstruction nécessaire, voire une nouvelle vie. Elle parle donc de perte, de prise de conscience, mais également de surprise et d'évolution pour le meilleur…

XVII. L'Étoile. Une femme nue entourée d'étoiles déverse ses cruches d'eau dans un cours d'eau. De manière tout à fait joyeuse et fluide, la chance semble être revenue. La circulation et l'alliance des énergies se font au mieux, sans attente. L'ego semble dépassé, l'initié a accès aux plans subtils et peut faire bénéficier le monde de sa connaissance. Cet arcane positif parle d'espérance, de réalisation, de protection. La confiance est arrivée, les idées noires n'ont plus cours, l'amour, la réussite et le partage s'invitent au banquet.

XVIII. La Lune. Mystique et secrète, cette carte, également appelée « le Crépuscule », représente une lune de profil sous laquelle deux chiens semblent aboyer. Dans la pièce d'eau à côté d'eux, nage une énorme écrevisse. Nous sommes ici dans un monde plus obscur, moins rationnel, où les émotions et les intuitions semblent dominer. Cette carte parle de rêve, d'imagination, de clairvoyance, mais aussi d'instabilité, de remise en question, voire d'angoisse ou d'insécurité. Ici, la vie se vit à fleur de peau, chacun ressentant avec une grande intensité ce qui est bon comme ce qui est mauvais. Mais cet arcane ne mérite pas la mauvaise réputation qu'il a quelquefois : la créativité et l'inattendu s'invitent sous de tels auspices, toujours sous le signe de la communication et du partage.

XVIIII. Le Soleil. Deux personnages sous le soleil semblent jouer avec complicité devant un mur. Figure paternelle emblématique, le Soleil symbolise également l'intellect, la raison : il figure ici l'esprit humain à son apogée une fois connecté à l'esprit divin, lorsqu'il parvient à conjuguer sa puissance avec l'intuition et le ressenti. C'est comme si cette scène représentait toutes les facettes d'une personne fonctionnant enfin de manière complémentaire. Pour autant, un mur est présent qui clôt l'espace et semble répondre à un besoin de protection. Un peu comme si l'on avait encore besoin de se protéger de l'imprévu et de l'irrationnel. Cette lame parle donc de vie, de réalisation de soi, d'énergie positive dans l'échange, de chance et de progrès. Mais aussi de vérité. De celle que l'on se doit à soi-même, ainsi qu'aux autres.

XX. Le Jugement. Carte de protection, annonciatrice de nouvelles (plutôt bonnes), elle n'est pas sans évoquer le Jugement dernier : elle représente un personnage dans le ciel qui souffle dans une trompette, alors que trois personnages en dessous semblent l'implorer et le supplier. Arcane de rénovation, d'évolution, le Jugement parle de nouveaux départs et de recommencement en accord avec soi-même.

XXI. Le Monde. Dernier des arcanes majeurs numérotés, le Monde représente une femme nue tenant une baguette à la main et semblant danser ceinte d'une couronne de lauriers – symbole de victoire –, entourée d'un ange, d'un aigle, d'un bœuf et d'un lion. Cette lame est souvent considérée comme la meilleure de tout le jeu de tarot. Elle symbolise la fin du chemin initiatique, et représente par là l'accomplissement. Le Monde présage donc un avenir radieux, où les obstacles auront été franchis, et où il est enfin possible de profiter d'une félicité bien méritée.

Le Mat. Non chiffrée, cette carte est singulière. Un individu, en costume de comédie italienne, des grelots à la ceinture, avec une coiffe de « fou du roi », semble marcher vers son destin, un bâton à la main, portant sur son dos un petit baluchon et suivi par un petit animal qui semble chercher à le retenir. Artiste ? Voyageur ? Sage ou fou ? Le Mat est un homme libre en tout cas, détaché, imprévisible, capable de suivre sa destinée comme il lui plaît (sans se laisser retenir par des aspects sentimentaux ou des besoins sexuels). Hors jeu, il évolue en marge des affaires humaines, dépourvu de peurs et de préjugés. Il peut représenter le

Soi, l'être conscient, l'Éveillé. Cette carte annonce un changement parfois impulsif, un départ vers l'inconnu, une évolution riche de sensations fortes, un voyage lointain…

7

Ritualiser

Les rituels sont des gestes chargés de sens et porteurs d'une intention de transformation. Tout en pouvant être aussi simples que d'allumer une chandelle ou d'écrire un projet sur une feuille de papier. Pour avancer, pour progresser, pour oser, les rituels sont essentiels car ils nous permettent de changer nos vies, pas à pas, et d'apprendre à diriger au mieux notre énergie. « *We become what we repeatedly do*[1] », expliquait l'auteur à succès américain Sean Covey. D'ailleurs, que ce soit consciemment ou pas, nous ritualisons tous certaines actions : coucher des enfants, les courses, le programme du week-end, les trajets pour aller au travail, le travail en lui-même parfois, les vacances, la préparation du matin, etc. Aujourd'hui, nous assistons d'ailleurs non pas à une disparition des rituels, mais plutôt à leur diversification. Chacun invente les siens. Le dimanche des uns n'est pas celui des autres. Tout comme il est

1. « Nous devenons ce que nous avons l'habitude de faire. »

possible de s'inventer des rituels de célébration, afin de célébrer les bonnes choses qui nous arrivent.

Pour soi et pour les autres

Sachez qu'en général plus le rituel réunit de monde, plus ses bénéfices augmentent. Plus l'événement est souligné et fêté, plus il influe positivement sur les relations entre les personnes. Des recherches[1] ont par exemple montré que, parmi les éléments qui distinguent les couples durables de ceux qui le sont moins, figure le fait que les partenaires fêtent les bonnes nouvelles… à deux. La psychologue et anthropologue américaine Margaret Mead, qui dans ses études sur diverses civilisations s'est particulièrement intéressée à l'importance des rituels dans la construction de l'identité, considérait que ceux-ci constituent le ciment des groupes humains : ils donnent le cadre qui va permettre de marquer de façon stable les passages importants de la vie avec leur entrée et leur sortie ; ils vont manifester les racines du groupe et l'appartenance de chacun à ses racines. Elle notait l'affaiblissement, dans nos sociétés postmodernes, des rituels religieux qui rassemblaient la communauté et renforçaient un tel sentiment d'appartenance, et soulignait la nécessité de recréer des rituels « laïques ». Comme le souligne l'auteure de bien-être Isalou Beaudet-Regen[2], les rituels ont tendance à être

1. *Journal of Personality and Social Psychology*, vol. 87, 2004.
2. Isalou Beaudet-Regen, *La Magie du matin : l'heure de plus qui va changer votre vie*, éd. Leduc.s, 2016.

dévalorisés de nos jours. On les moque ou l'on voit leur côté formel et contraignant, et on les évacue. Certes, ils peuvent devenir enfermants s'ils sont rigidifiés et obligatoires alors qu'en fait ils ont perdu leur âme. Ce qu'il y a de dangereux dans un rituel, c'est qu'il prenne le pas sur le vivant, sur ce qui est vécu, alors qu'il a sans cesse besoin d'être revitalisé, réactualisé. Le rituel a pour fonction de donner des repères dans l'espace et dans le temps, il est un élément structurant de la vie, il rythme les saisons, les âges de la vie, il donne de la profondeur et de l'importance aux différents moments charnières de notre vie. C'est en cela qu'il ne peut être réduit à de simples conventions sociales. Il nous fait humains, porteurs de dignité, de fierté et de considération de soi et d'autrui, en nous offrant le cadre pour exister avec les autres d'une façon signifiante. Les rituels enrichissent notre vie. La magie est riche de rituels, seul ou en groupe, à différents temps de l'année, de la lune, le matin, la nuit… Ils constituent autant de rendez-vous destinés à augmenter notre concentration, parfaire notre pouvoir, optimiser notre vibration, pratiquer la méditation et la visualisation avec régularité.

La voie de la visualisation

Cependant, les rituels ne peuvent s'inscrire que dans un projet porteur de sens qu'il importe de définir. Grâce à la visualisation, il sera possible de leur donner davantage de pouvoir… On va donc d'abord chercher à visualiser une image de son besoin. Ce faisant, et ce faisant uniquement, on peut donner une orientation à son pouvoir. Si l'on a besoin d'un objet, on imagine qu'on le possède ; si l'on a besoin d'un emploi, on s'imagine à son poste de travail ; et si l'on a besoin d'amour, on visualise sa cérémonie de mariage ou tout autre symbole associé pour soi à l'amour ! Dans tous les cas, on visualise l'image de son besoin comme s'il était comblé, sans ressentir le manque que l'on pourrait associer à sa situation actuelle… La visualisation nécessite un entraînement : on peut d'ailleurs utiliser dans un premier temps un support comme des photos et/ou des images, et s'entraîner avant de se les approprier.

Voir en pensée

La visualisation consiste à « voir » en pensée, à créer de nouvelles images dans notre esprit. On peut alors voir deux sortes de choses : soit celles qui sont visibles pour les yeux, soit celles qui sont invisibles. On peut ainsi visualiser une personne en bonne santé alors qu'elle est malade, ou une maison dans laquelle on aménage alors qu'on ne l'a pas encore achetée. Cette image mentale doit être véritablement créatrice, tellement présente qu'elle se mette à avoir sa véritable réalité et sa propre énergie. Vous devez sentir avec vos cinq sens l'image que vous avez créée !

Un entraînement est donc nécessaire pour y parvenir avec le plus de réalisme possible, car une bonne sorcière doit être capable de visualiser de manière continue sur une longue durée, mais aussi de passer d'une visualisation à l'autre en un claquement de doigts. Pour s'entraîner, on peut se représenter une personne que l'on connaît bien en tentant de voir tous ses détails. Puis comparer avec la personne en chair et en os. Si cela semble trop compliqué, on peut commencer avec un objet du quotidien : on le regarde avec attention dans ses moindres détails, puis on ferme les yeux et on se le représente en pensée. L'objectif d'un tel exercice est double : d'abord, parvenir à voir l'objet le plus précisément possible, comme si on avait les yeux ouverts ; mais aussi, maintenir l'image le plus longtemps possible, idéalement plusieurs minutes. On refait ensuite cet exercice avec un objet qui n'existe pas, inventé : il suffit de le décrire par écrit le plus précisément possible, puis d'essayer de le visualiser. On peut ensuite essayer d'alterner la visualisation de l'objet réel puis de l'objet inventé. Enfin, on apprend à stopper sur-le-champ une visualisation, à laisser passer une minute, puis à la reprendre tout aussi rapidement. Le mieux est d'abord de faire ces exercices les yeux fermés en étant bien concentré, puis les yeux ouverts en intégrant le produit de ses pensées au sein de son environnement : on peut voir une personne assise sur un fauteuil alors qu'elle ne s'y trouve pas ou poser un objet irréel sur la table de la cuisine alors que celle-ci est vide. L'objectif d'un tel exercice est de parvenir à intégrer ses images mentales au monde réel comme on veut et quand on veut.

Une fois que l'on est bien entraîné à visualiser, on peut alors projeter. Dans le contexte de la magie (dont l'anagramme est « image », illustrant cette aptitude importante que constitue la visualisation du but à atteindre), cela signifie se visualiser à un autre endroit que celui où l'on se trouve, autrement dit, à se placer mentalement ailleurs, dans un contexte où les choses sont réalisées, lorsque la magie est achevée.

8

S'engager

« Vous avez peur, peur de ne pas réussir ? Alors, allez-y. Si vous devez échouer, vous échouerez et recommencerez. Autant de fois qu'il le faudra. Ce n'est pas l'échec qui nous retient, c'est le courage de recommencer qui manque et nous fait stagner. »

Clarissa Pinkola Estès[1]

Le philosophe Peter Kemp définit l'engagement comme « un attachement, une action par laquelle l'homme se lie à lui-même ». C'est par cette action que va « se créer le verbe intransitif et réfléchi *s'engager* qui souvent devient synonyme de *s'obliger* ». L'engagement devient une mise en jeu de soi-même : je me lie moi-même pour l'avenir. S'engager, c'est vibrer, plonger, y aller, sans trop se donner d'espace pour revenir en arrière.

1. Clarissa Pinkola Estès, *Femmes qui courent avec les loups*, Grasset, 1992.

Engagement et implication

En psychologie sociale, l'engagement désigne l'ensemble des conséquences d'un acte sur le comportement et les attitudes. Le terme *engagé* signifie d'ailleurs également « être embauché ». Ce lien contractuel est aussi celui qu'on va retrouver dans l'expression anglo-saxonne *to be engaged*, qui donne un caractère officiel à une relation : de relation sans nom, on passe à l'idée de fiançailles, ultime étape précédant le mariage, lequel serait alors l'engagement suprême. Il y a dans ce terme d'*engagement* quelque chose de fort qui semble presque sans retour. En développement personnel, on le distingue régulièrement du terme *implication*. Être impliqué, c'est être concerné, plus ou moins selon les cas. Ce même terme *impliqué* étant d'ailleurs utilisé de façon péjorative dans le cadre d'affaires peu recommandables. Dire qu'un individu est « impliqué » dans un trafic de drogues signifie qu'il a joué un rôle important, qu'il est personnellement lié à ce trafic, et qu'il porte tout ou partie de la responsabilité. Celui qui est impliqué semblerait donc agir en fonction d'une certaine motivation qui lui servirait de moteur. Celui qui est engagé laisse supposer qu'il est partie prenante de ce pour quoi il est engagé. Ce n'est pas simplement quelqu'un qui mène une action, mais qui en fait partie intrinsèque. L'engagement nécessite donc la mobilisation la plus totale possible de la personne. Alors qu'une personne impliquée ne se confond pas, au contraire, avec son action. C'est juste un comportement qu'elle développe avec une certaine liberté.

Un exemple souvent cité est celui des œufs au bacon. Pour les réaliser, il faut des œufs et du bacon ! Qui dit œuf, dit poule, et qui dit bacon, dit cochon. La poule a participé activement à nous fournir les œufs : on peut donc dire qu'elle s'est impliquée ; elle a donné une partie d'elle-même, elle peut d'ailleurs continuer à vivre normalement et s'impliquer plusieurs fois. Il n'en va pas de même pour le cochon ! Il a fait plus que donner de sa personne. Il a donné « sa personne », il s'est engagé. L'engagement est donc une attitude qui se traduit par la persévérance dans un acte en assumant les risques de cette attitude, sans faire les choses à moitié.

Gandhi considérait que « Dieu n'apparaît pas en personne mais en action ». Lorsqu'il exhortait à « devenir soi-même le changement que l'on veut voir dans le monde », il encourageait justement à trouver la force d'agir, de résister, de créer, d'aimer, d'imaginer, dans la multiplicité des situations que nous traversons chaque jour, sans identifier notre valeur à celle des résultats de nos actions, sur lesquels nous n'avons, en définitive, pas de maîtrise totale.

Et si vous faisiez de la magie ?

La magie consiste justement en un engagement de tout notre être dans l'action (même si cette action se fait parfois sans mouvement). C'est un langage, à la fois concret et symbolique, un langage de gestes et d'images, de choses plutôt que d'abstraction. Ces choses ne sont pas vues comme des objets mais comme des moyens de manifester la conscience. Les rituels sont comme des symboles. Ils parlent de sensualité, de perception et d'émotion. Ils sont destinés à nous toucher, aussi profondément que possible. C'est pourquoi nous les considérons comme sacrés. Non en tant que tels, mais parce qu'ils sont réalisés afin d'interagir au cœur de nous avec le plus de puissance possible. Pas question donc de faire n'importe quoi. C'est ce que signifie *sacré*. En mobilisant d'anciennes techniques, nous cherchons à élargir notre champ intérieur, à développer notre expérience, à aiguiser notre intuition. Elles sont efficaces car elles font appel à notre pouvoir propre, notre pouvoir intérieur, la magie reposant sur la conviction et la compréhension que chaque chose est connectée. Elle nous dit que nous sommes du monde, les uns avec les autres.

Un art et une volonté

La magie est un art. « Cela veut dire qu'elle concerne des formes, des structures, des images qui peuvent nous entraîner hors des limites imposées par notre culture avec une efficacité que les mots seuls n'ont pas ; elle concerne des visions suggérant des possibilités d'accomplissement que n'offre pas un monde vide », explique Starhawk. Elle est également volonté, car elle nous demande d'agir, de diriger notre énergie, de la propulser, non pas une mais de nombreuses fois. Apprendre la magie consiste surtout à apprendre à expérimenter concrètement tout en pensant abstraitement. Ce qui est bien plus complexe qu'il n'y paraît ! Le concret révèle l'invisible : ce qui est en haut est comme ce qui est en bas, ce qui est dessus est comme ce qui est dessous, le microcosme se structure comme le macrocosme. La magie capable d'agir justement est un mouvement conscient d'énergie, provoquant un changement en accord avec une volonté. De même que les choses réelles révèlent les énergies invisibles qui leur ont donné corps, les formes créées par l'intention puis l'énergie se manifestent comme choses. Dans tous les cas, on ne pratique que des rites qui ont du sens pour soi, qui nous parlent. À chacun(e) de trouver la manière idéale de se mettre au diapason avec la vibration du monde. Car c'est de notre force personnelle qu'il s'agit. On va juste chercher à l'activer, à la programmer pour atteindre un objectif précis, en s'aidant de toutes les forces qui habitent notre planète (à travers les pierres, les plantes, le vent, le cosmos, etc.) ainsi que de la force d'amour, que l'on pourrait également appeler « force de vie » ou « source du pouvoir universel » qui a créé tout ce qui existe. On choisit les termes correspondant à sa religion ou à son système de croyances. Et même si l'on a le trac, si l'on est inquiet, ce n'est pas un souci. Le changement est effectivement effrayant. Les sorcières ont un dicton à son sujet : « Là où il y a de la peur, il y a du pouvoir. » Inutile donc de chercher à la nier, ni de se laisser contrôler par elle non plus. Il est possible de la ressentir sans la laisser nous arrêter.

À partir du moment où l'on décide de poser un geste magique, sa réalisation a commencé. Le simple fait d'y penser met notre force personnelle en mouvement. Et dans tous les cas, il faut s'exercer ! Sans inquiétude.

Lorsque l'on fait les choses avec respect, du mieux possible, tout se passe au mieux. Avec la pratique et tout l'amour dont on est capable, les résultats peuvent être très surprenants.

La musique et la danse

Ces techniques incontournables de toutes cérémonies magiques sont destinées à nous libérer de nos douleurs et de nos tensions, à activer nos forces, à nous aider à nous investir émotionnellement, à modifier notre conscience, à nous donner plus facilement accès à l'énergie… S'ils ont fait partie des premiers gestes magiques et religieux, ce n'est pas par hasard. Aujourd'hui encore, un geste simple comme frapper dans ses mains est utilisé pour stimuler sa force personnelle lors de certains rituels.

On peut se servir de certaines musiques avant le rituel afin de créer une atmosphère plus solennelle durant celui-ci pour activer et soutenir l'énergie, ou après, simplement pour le plaisir et la célébration. Dans le monde de la magie, on distingue quatre types d'instruments : les percussions, le tambour, le xylophone, les maracas sont associés à l'élément Terre – ils servent à invoquer la fertilité, à booster l'abondance ; les instruments à vent comme la flûte sont régis par l'Air, élément de l'intellect – on va s'en servir pour accroître sa sagesse, ses pouvoirs psychiques et, en particulier, ses capacités de visualisation ; les instruments à corde comme la guitare, la harpe, la mandoline sont gouvernés par l'élément Feu – on les utilisera afin d'optimiser sa santé, sa sexualité, son engagement et sa volonté : par exemple, lorsque vous êtes inquiets, jouez de la guitare ou écoutez un morceau de guitare en visualisant un ressenti de courage et d'assurance intérieure ; ils permettent également de purifier l'espace avant un rituel (il vous suffira d'en jouer en décrivant un cercle correspondant à votre espace dans le sens des aiguilles d'une montre jusqu'à ce que vous sentiez que l'espace résonne mieux à votre oreille) ; les cymbales, les cloches et les gongs (donc les instruments en métal) représentent l'élément Eau associé à la fertilité, l'amitié, la guérison, les pouvoirs psychiques, la beauté… Incorporée à votre rituel, une musique appropriée peut grandement vous aider à vivre une expérience encore plus marquante.

C'est également le cas de la danse, très ancienne pratique magique, le mouvement facilitant comme nous l'avons vu la libération énergétique, l'ouverture de conscience et l'harmonisation du corps avec les éléments de la nature. Les danses de groupe (comme la danse de la spirale sacrée ou de la rencontre) sont souvent utilisées dans les travaux collectifs. En solo aussi, le mouvement reste au cœur des rituels : faire des nœuds, des dessins sur le sable, un déplacement en cercle en marchant de plus en plus vite autour de l'autel… Et même sans la présence de musique, certains gestes restent porteurs de sens, comme la *mano fica*, ou geste de la figue (une main refermée en poing, le pouce sorti entre l'index et le majeur) qui sert dans ce contexte à conjurer le mauvais œil. Pour invoquer les puissances féminine et masculine, on peut lever les mains, paumes vers le ciel, doigts écartés afin de recueillir leur force… Ou encore, plus simplement, pointer un doigt reste un acte magique, même si l'on peut choisir ce dernier en fonction de son symbolisme : le pouce correspond à Vénus et à la planète Terre ; l'index est gouverné par Jupiter, le majeur par Saturne, l'annulaire par le Soleil et Apollon, tandis que l'auriculaire est en lien avec la planète Mercure. Plusieurs sortilèges, lorsque l'on veut charger un objet d'énergie magique par exemple, nécessitent ainsi que l'on pointe les doigts de Jupiter et Saturne. On visualise alors le déplacement énergétique des doigts vers l'intérieur de l'objet. Autre geste très puissant : le tracé d'un pentagramme en l'air ou dans un cercle (à l'aide de l'athamé – un couteau magique –, d'une baguette magique ou simplement de son index !).

Si l'on chantait ?

Ici, le chant est loin d'être anodin, puisqu'il est réalisé dans une optique de transformation et de communion. Il renoue avec des traditions ancestrales de guérison par les sons qui, par l'usage approprié des vibrations de la voix, traiteraient certains troubles et contribueraient à restaurer l'équilibre du sujet, ainsi qu'à une meilleure connaissance. Simple à pratiquer, ne nécessitant aucune connaissance musicale, cette technique utilise le support de la voix dans toutes ses tonalités, avec ses heurts et ses éclats, dans sa fluidité et ses blocages : en induisant des états émotionnels, la voix, riche d'une véritable énergie physique, mentale et spirituelle, peut ainsi soutenir une envie, un projet, une intention.

Lorsque l'on chante collectivement, on utilise alors la présence de l'autre pour améliorer l'échange et la création dans le partage : on a alors la sensation de se mettre à nu, et l'on doit dépasser la crainte des autres, de leur jugement, ce qui permet de retrouver au fil du temps davantage d'assurance et de confiance. Comme le disait déjà Platon : « Chanter, c'est mettre à l'unisson l'air qui est à l'intérieur avec l'air qui est à l'extérieur. »

Le pouvoir des mots

Enfin, depuis la Bible, on connaît le pouvoir des mots une fois qu'ils sont prononcés : « Le verbe se fait chair », est-il écrit. Des thérapies comme la PNL (programmation neurolinguistique) utilisent cette même force – ce n'est d'ailleurs pas par hasard que le livre fondateur de cette pratique s'appelle *La Structure de la magie*[1]. On pourrait presque dire qu'il s'agit d'une pratique magique dans le sens où elle engendre une transformation dans une direction choisie par la puissance du langage (entre autres). En magie, la puissance des mots peut donc être amplifiée par le chant, l'état de conscience singulier dans lequel il met, l'être entier étant ici sollicité.

1. Richard Bandler et John Grinder, *La Structure de la magie*, Interéditions, 1975.

Impossible d'ailleurs lorsque l'on évoque le pouvoir des mots de ne pas penser à la plus célèbre des formules magiques : Abracadabra ! Elle daterait du Moyen Âge, et pourrait provenir de l'hébreu *Ha Brakha Dabra*, « la bénédiction a parlé ». Elle invoquerait l'union des mondes inférieurs et supérieurs au sein de la connaissance, correspondrait au nombre 365, le chiffre symbolique du soleil. Mot magique, *Abracadabra* peut donc être utilisé comme un mantra, en le prononçant plusieurs fois, en le faisant vibrer, en jouant avec, dans sa gorge, sa bouche et ses lèvres…

Une fois que l'on sait tout cela, la structure des rituels est en général très simple. Après un temps personnel plus ou moins long de jeûne, de méditation et de visualisation, nous commençons à nous enraciner en nous connectant à la terre. Nous cherchons à nous libérer du poids du quotidien grâce à des mouvements et des sons. Un cercle, un espace sacré, est alors défini : l'invocation des quatre éléments, par exemple, peut séparer l'espace et le temps du rituel de l'espace et du temps ordinaires. Puis chacun fait sa ou ses demande(s), en les disant à haute voix ou en les écrivant ou en les dessinant. Ensuite, nous faisons monter le pouvoir par la respiration, la transe, la danse, la musique et le chant. Le pouvoir va ensuite se focaliser sur une image, une action, un symbole, un acte spécifique. Quand l'énergie semble avoir atteint son sommet, vient le moment de la rendre à la terre avec nos mains et nos corps. Puis nous mangeons et buvons pour célébrer ce temps unique, nous prenons le temps de nous détendre et d'être ensemble. Enfin, nous exprimons notre gratitude envers les différents pouvoirs qui ont pu être sollicités et nous ouvrons le cercle pour revenir à l'espace et au temps ordinaires. Tout est accompli.

Conclusion

« Nous sommes une magie, nous-mêmes. La magie la plus vraie de ce monde est en nous. Elle est dans nos mouvements et dans ce que nous disons et sentons. »

Susan Fletcher[1]

Dépasser les clichés, sortir du folklore, poser un regard nouveau et faire saisir la dimension à la fois vivante et sacrée de la magie, telle a été mon obsession tout au long de cette transmission. Au fil des pages, j'avoue être tombée amoureuse de mon sujet, j'ai regardé d'un autre œil, avec un autre cœur, ces victimes éternelles de la misogynie et de la persécution religieuse, celles qui osent et ont osé transmettre et pratiquer des formes de savoir non approuvées par les autorités, cette spiritualité enracinée dans la nature, l'érotisme et la terre. J'ai toujours davantage

1. Susan Fletcher, *Un bûcher sous la neige*, traduit de l'anglais par Suzanne V. Mayoux, Plon, 2010.

perçu dans ces images féminines et rebelles une source de pouvoir pour les femmes et de lumière pour les hommes.

La magie est un jeu sérieux et un art joyeux. C'est une fête de la vie, du temps qui passe, des saisons qui se succèdent. C'est une célébration du corps, de la rencontre, de la sensualité, une ode à la joie, à l'incarnation. C'est un art qui utilise l'intuition pour se connecter et l'imagination pour participer à la dynamique créative qui unit l'être humain aux différents milieux dans lequel il évolue. C'est une manière puissante de prendre sa vie en main, de déterminer ce que l'on veut vraiment, en profondeur, et de s'en donner les moyens. Grâce à elle, au cœur du monde et en lien avec la nature, c'est tout un espace de jubilation et de subversion que l'on s'autorise à laisser émerger puis grandir.

Car le projet de la magie va bien plus loin que celui de transformer nos vies dans le sens où notre ego en a envie. Il s'agit bien de se réapproprier le monde, d'en faire un lieu de solidarité et d'échanges, de vivre ensemble un espace où l'on cesse d'avoir peur. Une utopie ? Oui, il y a de l'utopie dans la magie, au sens premier du terme, c'est-à-dire en tant que projet qui n'a pas encore trouvé son territoire, son espace d'incarnation. Cela viendra, je n'en doute pas, ou plutôt je veux y croire. Ensemble, nous pouvons encore restaurer un sens du sacré au monde, restaurer la valeur de nos vies, de toutes nos vies – humains, animaux et plantes aussi –, et changer la réalité par la puissance de notre engagement et de notre présence.

Les sorcières et les sorciers d'aujourd'hui ne sont pas nécessairement là où on croit les trouver, ils ne portent pas forcément des chapeaux pointus, ne dansent pas tout nus dans les prés. Elles et ils sont surtout ceux qui osent penser par eux-mêmes, défier les différentes formes d'autorité, interroger le monde, repenser la démocratie, soigner sans avoir le blanc-seing de la Faculté, jouir de la vie même hors des cadres préétablis. Ce sont ceux qui aspirent à la liberté quel que soit le prix à payer : les lanceurs d'alerte, les hackers. Ceux qui veulent réenchanter le monde à leur manière : les artistes, les poètes. De très nombreuses femmes probablement aussi, car il me semble que chacune se sent au fond d'elle-même détentrice d'un pouvoir spécial, d'une sorte de secret, qu'elle n'a pas laissé émerger, qui n'a (peut-être) pas encore été révélé... Ce sont aussi toutes ces personnes qui s'engagent pour une économie et un savoir davantage partagés, comme la professeure de sciences politiques Elinor Ostrom[1] qui réinvente les biens communs sur le modèle du passé et devient prix Nobel d'économie. Elle démontre en effet que la gestion collective des biens permet le déploiement de nombreuses bonnes volontés en valorisant l'échange et le partage, la solidarité et la coopération. Dans cette vision du monde qui semble réémerger, les valeurs relationnelles – la sensibilité, l'intuition et l'imagination créatrice – retrouvent un rôle central qui leur avait été dénié par la culture de la séparativité, inhérente à la modernité. Le processus d'*empowerment* de la magie vise alors à développer le potentiel de

1. Née en 1933 et morte en 2012.

chacun afin de s'émanciper de l'emprise exercée par l'hégémonie de la raison et des différents excès de la société de consommation. Il nous permet de nous réapproprier notre corps, notre savoir, notre vie, afin de les propulser dans une direction que nous aurons nous-mêmes choisie.

Bibliographie

Brooke Medicine Eagle, *Marcher sur le chemin sacré de la femme Bison Blanc*, éd. Vega 2016

Odile Chabrillac, *Marcher pour se (re)trouver*, éd. Leduc.s, 2017

Odile Chabrillac, *Mon cahier Détox*, Solar, 2016

Dr Deepak Chopra, *La Voie du magicien*, coll. « Aventure Secrète », J'ai lu, 1995

Scott Cunningham, *La Wicca*, coll. « Aventure Secrète », J'ai lu, 2004

Valérie Colin-Simard, *Quand les femmes s'éveilleront...*, Albin Michel, 2008

Scott Cunningham, *Encyclopédie des plantes magiques*, ADA Éditions, 2009

Georges Duby et Michelle Perrot (dir.), *Histoire des Femmes en Occident*, Plon, 1991

Françoise d'Eaubonne, *Le Sexocide des sorcières*, éd. L'Esprit Frappeur, 1999

Barbara Ehrenreich et Deirdre English, *Sorcières, sages-femmes et infirmières*, éd. Cambourakis, 2015.

Pascale d'Erm, *Sœurs en écologie*, éd. La Mer salée, 2017

Pascale d'Erm, *Se régénérer grâce à la nature*, Ulmer, 2010

Clarissa Pinkola Estès, *Femmes qui courent avec les loups*, Grasset, 1992

Dr Danièle Flaumenbaum, *Femme désirée, femme désirante*, Payot, 2006

Susan Fletcher, *Un bûcher sous la neige*, traduit de l'anglais par Suzanne V. Mayoux, Plon, 2010

Isabelle Fontaine, *Développez votre intuition pour prendre de meilleures décisions*, éd. Leduc.s, 2013

Nicolas Guéguen et Sébastien Meineri, *Pourquoi la nature nous fait du bien*, Dunod, 2012

Mona Hébert, *La Médecine des femmes*, éd. du Roseau, 2003

Dr Gérard Leleu, *Sexualité, la voie sacrée*, Albin Michel, 2004

Laëtitia Négrié et Béatrice Cascales, *L'accouchement est politique*, éd. l'Instant présent, 2016

Vicky Noble, *La Femme Shakti, le nouveau chamanisme féminin*, Trédaniel, 1991

Dr David O'Hare et Jean-Marie Phild, *Intuitions*, Thierry Souccar Éditions, 2011

Scott Peck, *Le Chemin le moins fréquenté : apprendre à vivre avec la vie*, J'ai lu, 1990

Maitreyi D. Piontek, *Les Secrets de la sexualité féminine*, Le Courrier du Livre, 1998

Arnaud Riou, *Réveillez le chaman qui est en vous*, Solar, 2014

Régine Saint-Arnaud, *Le Pouvoir magique*, Marabout, 2001

Françoise Simpère, *Aimer plusieurs hommes*, Pocket, 2004

Selene Silverwind, *Manuel de sorcière*, Le Pré aux Clercs, 2009

Silja, *Le Grand Livre des rituels magiques avec les plantes*, éd. Contre-Dires, 2009

Eric Pier Sperandio, *Le Guide de la magie blanche*, coll. « Aventure Secrète », J'ai lu, 2004

Table des matières

DEUXIÈME PARTIE

Au cœur de ses valeurs

TROISIÈME PARTIE
Quelques pas pour s'initier

Composé par Nord Compo
à Villeneuve-d'Ascq (Nord)

Imprimé en France par

Maury Imprimeur
à Malesherbes (Loiret)
en novembre 2021

POCKET - 92 avenue de France, 75013 PARIS

N° d'impression : 258867
S29077/09